PHP와 MariaDB를 활용한
웹 애플리케이션 개발

PHP와 MariaDB를 활용한
웹 애플리케이션 개발

빠르고 보안성 높은 인터랙티브 웹사이트 제작 지침서

사이 스리니바스 스리파라라사 지음 | 김무항 옮김

지은이 소개

사이 스리니바스 스리파라사 <small>Sai Srinivas Sriparasa</small>

아틀란타에 거주하는 웹 개발자이자 오픈소스 에반젤리스트다. 닥터 오즈<small>Dr. Oz</small>의 웹사이트 수석 개발자였으며, 현재 뉴스 디스트리뷰션 네트워크<small>NDN, News Distribution Network</small>에서 예측 분석 알고리즘을 개발 중이다. 미국의 대기업 스프린트 넥스텔<small>Sprint Nextel</small>, 웨스트 인터랙티브<small>West Interactive</small>, 애플<small>Apple</small>, SAC 캐피털 <small>SAC Capital</small>에서 개발 팀을 이끈 경력이 있다. 전문 분야는 PHP, 파이썬, MySQL, MariaDB, MongoDB, 하둡<small>Hadoop</small>, 자바스크립트, HTML 5, 반응형 웹 개발, ASP.NET, C#, 실버라이트<small>Silverlight</small> 등 여러 분야다. 팩트출판사에서 출간한 『JavaScript and JSON Essentials』(2013)을 저술했다.

이 책의 탄생을 가능케 한 팩트출판사 팀에 진심으로 감사한다. 특히 샤온, 사지어, 수 밋에게 감사한다. 이 책이 두 번째 책인 만큼 시간 내어 이 책을 읽어 준 독자들에게 감사한다. 질문이 있거나, 네트워킹을 원하면 링크드인(http://www.linkedin.com/in/saisriparasa)을 통해 언제든 연락주기 바란다.

언제나 인내심과 지원을 통해 응원해준 어머니, 아버지와 누이들에게 감사의 인사를 보낸다. 독자 여러분이 이 책을 즐길 수 있기를 바라며, 다음 책도 많은 기대 바란다.

기술 감수자 소개

다리오 그리드 Dario Grd

7년 경력의 웹 개발자다. PHP, 자바, 그루비Groovy, 닷넷 같은 프로그래밍 언어에 능숙하며, Symfony, Grails, jQuery, Bootstrap 같은 프레임워크를 사용하는 것을 선호한다.

자그레브 대학University of Zagreb의 기구 및 정보과학 학부FOI, Faculty of Organization and Informatics에서 정보과학 석사 학위를 마쳤다. 그 후 은행 정보 시스템을 개발하는 회사에서 근무하며, 웹 팀 리더에까지 올랐다. 현재 애플리케이션 개발 센터에 있는 하이어 에듀케이션 앤 사이언스 시스템Higher Education and Science System에서 전문가로 근무한다.

유럽에서 프리랜서로 여러 프로젝트를 진행 중이다. 콘텐츠 관리 시스템CMS, Content Management System을 새로 개발했으며, 이를 자랑스럽게 생각하고 있다. 프로그래밍 외에 웹서버 관리에 관심이 있고, 현재 호스팅 서버 관리를 하고 있다. 여가 시간에는 축구나 탁구를 즐긴다. 지역의 풋살 팀에서 뛰고 있으며, 아마추어 탁구 리그에도 참가한다. http://dario-grd.iz.hr/en에서 그를 만날 수 있다.

니콜라이 리파노프 Nikolai Lifanov

시스템 해커다. 여기서 해커란 하지 말아야 할 일을 해서 효과적인 결과를 빠르게 얻는 일을 하는 것을 말한다. 근 10년간 인터넷 시스템과 관련된 많은 경험을 했다. 실패 가능성이 높은 하드웨어에서 고가용성 인프라를 운영한다든가, 갑자기 많은 양의 서비스 요구를 충족하기 위해 인프라에 클라우드 서비스를 급히 접목하는 경험들을 예로 들 수 있겠다. 순수한 엔지니어 역할부터 개발자의 역할까지 수행했지만, 가장 기본인 시스템 인프라에 관련된 일에 가장 자신 있어 한다. 그가 만든 간단하고 명료한 시스템에는 몇 가지 장점이 있다. 쉽게 부서지지 않고, 자가 재생능력을 기반으로 쉽게 고칠 수 있으며, 안전함과 최소한의 유지보수를 필요로 한다. 리눅스나 BSD 시스템을 기반으로 솔루션을 개발했으며, SmartOS를 통해 변경 불가한 라이브 시디 NetBSD 하이퍼바이저Live CD NetBSD hypervisors를 만들거나, 드래곤플라이DragonFly를 기반으로 한 호스팅 사업을 창립하기도 했다. 오픈 소스 커뮤니티에 적극적으로 참여하려 노력하며, 예전 로그Rogue 스타일의 게임을 즐긴다. 취미삼아 구닥다리 유닉스 시스템이나 예전 하드웨어를 연구한다.

에스테반 데 라 푸엔테 루비오 Esteban De La Fuente Rubio

PHP 위주의 경험을 지닌 프로그래머다. 조그만 웹사이트 개발을 시작으로 10년이 지난 지금 『SowerPHP framework on GitHub』라는 책의 저자가 됐다. 지난 6년 동안, 여러 칠레 회사에서 기업의 프로세스를 지원하는 소프트웨어를 개발해왔다. 또한 삶에 도움이 되는 작은 애플리케이션과 도구를 개발하며 무료 소프트웨어 커뮤니티에 기여했다. 자세한 내용은 그의 깃허브(https://github.com/estebandelaf)를 통해 찾아볼 수 있다.

옮긴이 소개

김무항 (niceggal1@naver.com)

컴퓨터 공학을 전공하고, 보안, IPTV, 위치 기반 서비스 등 다양한 분야에서 연구, 개발을 수행했다. 에이콘출판사에서 펴낸 『드루팔 사용하기』(2013)와 『프로그래머처럼 생각하기』(2014)를 번역했으며, 현재는 보안회사에서 테크니컬 에반젤리스트로 활동 중이다.

옮긴이의 말

지금 이 서문을 읽고 있는 여러분이 프로그래밍 입문자든 경험 많은 프로그래머든 프로그래밍 학습을 위해 혹은 프로젝트에 필요한 지식을 얻기 위해 700쪽이 넘는 책을 구매해 삼분의 일도 채 읽지 못하고 책장에 진열해 놓은 경험이 있을 것이다. 이렇게 분량이 많은 책은 내용도 방대해 몇 쪽 읽다가 결국 학습을 포기하게 되거나 인터넷을 통해 그때그때 필요한 지식만을 찾아보게 된다.

이 책을 한 문장으로 설명하면, PHP와 MariaDB를 이용해 제대로 된 웹 애플리케이션을 만드는 데 필요한 핵심 지식의 전달이라 할 수 있다. 그렇다고 웹 애플리케이션 제작에 있어 중요한 주제가 하나라도 빠져 있다고 생각해서는 안 된다. 이 책은 빠르고, 보안성이 높은 인터랙티브 웹 애플리케이션을 만들기 위해 필요한 모든 주제를 포함한다.

1장부터 3장은 기본적인 SQL 문 사용법부터 MariaDB와 PHP 고급 프로그래밍 기법에 이르기까지 웹 애플리케이션 제작에 필요한 핵심 프로그래밍 지식을 다룬다. 4장은 MVC 모델을 소개하며, 간단한 학생 포털을 만들어본다. 5장에서 웹 페이지를 통해 사용자의 데이터를 가져오고, 로그를 남기는 방법을 배운다. 6장은 웹 애플리케이션 제작에 필수적인 인증과 접근 제어에 대해 다룬다. 7장은 웹 애플리케이션의 사용자가 늘어났을 때를 대비하기 위해, 웹 애플리케이션 성능에 필수적인 캐싱을 활용하는 법을 다룬다. 8장은 다른 애플리케이션이 여러분의 웹 애플리케이션과 연동하는 데 필요한 REST API를 어떻게 제공해야 하는지 다룬다. 9장과 10장은 아파치 서버와 MariaDB, PHP의 보안성을 강화하는 방법과 성능을 최적화하는 방법에 대해 다룬다.

각 장에 대한 소개에서 알 수 있듯이, 이 책은 프로그래밍 입문자부터 고급 개발자까지 모두를 대상으로 한다. 프로그래밍 입문자에게는 웹 애플리케이션을 제작하는 데 필요한 지식을 군더더기 없이 핵심만 전달한다. 단순히 이론만 전달하는 것이 아니라 모든 주제에 대해 예제를 제공함으로써 프로그래밍 입문자가 쉽게 개념을 이해할 수 있도록 돕는다. 고급 개발자에게는 기초를 다시금 다질 수 있게 해줄 뿐 아니라, 성능이 최적화된 보안성이 높은 인터랙티브 웹 애플리케이션의 개발 지침을 전달한다.

개인적으로 프로그래밍을 학습하는 데 있어 가장 효과적인 방법은 수백 페이지가 되는 백과사전과 같은 책을 정복하기보다는 필요한 주제의 핵심을 학습하여 근간이 되는 기초를 명확히 이해하고, 직접 애플리케이션 개발에 들어가 필요한 내용들을 인터넷을 통해 찾아가며 애플리케이션을 만들어보는 것이라고 생각한다. 그러한 학습 방법에 있어, 이 책은 더할 나위 없는 지침서가 될 것이라고 확신한다.

김무항

차례

부록 B PHP와 객체지향 프로그래밍   241

들어가며

인터넷 시대에 웹 애플리케이션 개발은 더 이상 어려운 일이 아니다. 하지만 올바르지 않은 방식으로 웹 애플리케이션을 개발 중인 개발자가 아직도 많다. 이 책의 목표는 독자를 초보 프로그래머에서 중급 또는 고급 프로그래머로 만드는 것이다. 이 책은 PHP와 MariaDB의 기본부터 복잡한 주제인 캐싱, 보안, REST API 구현, 성능 최적화를 모두 책임질 참고서다. 안전하면서도 확장성이 있고, 다양한 가입자를 위한 API를 지닌 웹 애플리케이션을 만드는 것이 쉬운 일은 아니다. 하지만 이 책을 학습하면 이러한 과정은 간단하면서도 쉽고, 기억에 남는 경험이 될 것이다.

이 책의 구성

1장, CRUD 연산, 정렬, 필터링, 조인 생성, 조회, 갱신, 삭제 등 기본적인 SQL 연산에 관해 설명한다. 이어서 분류, 필터링, 테이블 조인도 설명한다.

2장, MariaDB와 고급 프로그래밍 변경과 드롭drop 같은 여러 데이터 조작에 관련된 연산을 소개한다. DML 작업에 대해 이해한 다음, 저장 프로시저, 저장 루틴, 트리거와 같은 고급 개념을 알아본다.

3장, PHP 고급 프로그래밍 단위 테스트, 예외 처리와 같은 고급 프로그래밍 개념을 소개한다. 또한 PHP 5.4와 5.5에서 새롭게 추가된 기능들을 살펴본다.

4장, 학생 포털 만들기 3장까지 소개된 모든 개념을 활용해 학생 포털을 개발한다.

5장, 파일 및 디렉토리 사용법 학생 포털 애플리케이션을 사용해 파일 불러오기, 파일 올리기, 애플리케이션 로깅과 같은 기능을 소개 및 적용한다.

6장, 인증 및 접근 제어 학생 포털 애플리케이션의 인증 및 출입 관리 기능을 소개하고 적용해본다.

7장, 캐싱 캐싱 개념을 소개한다. 이후 캐싱의 여러 타입에 대해 논의하며, 각 캐싱 방법은 어떻게 적용하는지 살펴본다.

8장, REST API REST 아키텍처의 개념을 소개한 다음, 학생 포털의 REST API 구현 예제를 다룬다.

9장, 보안 웹 애플리케이션의 보안 강화를 위해 아파치, MariaDB, PHP의 보안을 최적화하는 방법에 대해 알아본다.

10장, 성능 최적화 애플리케이션 확장성을 위한 다양한 성능 최적화 기법들을 소개한다.

부록 A, PHP, MariaDB, 아파치 설치 PHP, MariaDB, 아파치를 설치하고 설정하는 방법에 대해 알아본다.

부록 B, PHP 기반 객체지향 프로그래밍 PHP 기반 객체지향 프로그래밍OOP 개념을 소개한다. 예를 들어, 상속, 캡슐화, 다형성, 추상 클래스 등 여러 가지 객체지향의 특징에 대해 알아본다. 마지막으로 가장 인기 있는 디자인 패턴을 논의하며 마무리한다.

준비 사항

이 책은 웹 애플리케이션 개발에 대해 배운다. 웹 애플리케이션을 호스팅하려면 아파치 웹서버가 필요하다. 웹서버에 요청이 받아들여지면, 해당 요청은 서버 측 프로그램에 전달된다. 또한 우리는 PHP를 사용해 스크립트를 작성한다. 데이터를 저장할 서버로 MariaDB를 사용할 것이며, 메모리 캐싱을 위해 멤캐시Memcache를 사용할 것이다. 따라서 필요한 소프트웨어는 PHP, MariaDB, 아파치 서버, cURL, 멤캐시다.

이 책의 대상 독자

이 책은 다양한 수준의 개발자를 대상으로 한다. 여러 가지 예제와 팁, 추천사항 등을 담고 있으며, 이를 통해 독자들은 설치 및 설정뿐만 아니라 웹 애플리케이션 배포까지 가능하다. PHP, MariaDB, 아파치 웹서버에 대한 사전지식은 많은 도움이 되지만 꼭 필요한 것은 아니다.

편집 규약

이 책에서는 독자의 이해를 돕고자 다루는 정보에 따라 다음과 같이 글꼴 스타일을 다르게 적용했다.

문장 중에 사용된 코드, 데이터베이스 테이블 이름, 사용자 입력 등은 다음과 같이 표기한다.

"show database를 실행할 때, 명령어와 기존 데이터베이스 목록은 화면에 출력된다."

코드 블록은 다음과 같이 표기한다.

```php
<?php
/**
 * PHP 5.4 이전 배열 선언
 *
 */
$arr = array(1,2,3,4);
// 화면에 원소 출력
echo $arr[0];
/**
 * PHP 5.4 이상 배열 선언
 *
 */
$arr2 = [1,2,3,4];
// 화면에 원소 출력
echo $arr2[0];
?>
```

커맨드창의 입력 내용이나 결과는 다음과 같이 나타낸다.

```
phpunit --version
```

화면상의 대화상자나 메뉴는 다음과 같이 고딕체로 표기한다.

"이제 데이터베이스가 성공적으로 변경되었으며, MariaDB 옆 브래킷에 표기된 데이터베이스 명은 현재의 데이터베이스를 표기한다."

 주의해야 하거나 중요한 내용은 이 박스로 표기한다.

 참고사항이나 요령은 이 박스로 표기한다.

독자 의견

이 책에 대한 독자의 의견은 언제나 환영이다. 좋은 점 또는 고쳐야 할 점에 대한 솔직한 의견은 앞으로 더 좋은 책을 발행하는 데 큰 도움이 된다. 독자 의견을 보낼 때는 이메일 제목란에 구입한 책 제목을 적은 후, feedback@packtpub.com 으로 전송하면 된다. 만약 독자가 특정 분야의 전문가로서 저자가 되고 싶다면 http://www.packtpub.com/authors에서 저자 가이드를 참조하기 바란다.

고객 지원

이 책을 구입한 독자라면 다음과 같은 지원을 받을 수 있다.

예제 코드 다운로드

www.packtpub.com에서 책을 구매할 때 사용한 계정으로 모든 팩트출판사 책에 대한 예제 코드를 다운로드할 수 있다. 온라인이 아닌 곳에서 구매했다면 www.packtpub.com/support에 방문해 등록하면, 이메일을 통해 예제 파일을 받을 수 있다. 에이콘출판사의 도서정보 페이지 http://www.acornpub.co.kr/book/php-mariadb에서도 예제 코드를 다운로드할 수 있다.

오탈자

내용을 정확하게 전달하기 위해 최선을 다하지만, 실수가 있을 수 있다. 책에서 텍스트나 코드상의 문제를 발견해서 알려준다면 매우 감사할 것이다. 독자의 참여를 통해 다른 독자에게 도움을 주고, 다음 버전에서 더 완성도 있는 책을 만들 수 있다. 오탈자를 발견하면 http://www.packtpub.com/support에서 errata submission form에 오탈자를 신고해주기 바란다. 내용이 확인되면 웹사이트에 그 내용이 올라가거나, 해당 책의 정오표 섹션에 그 내용이 추가될 것이다. http://www.packtpub.com/support에서 해당 책 제목을 선택하면 지금까지의 정오표를 확인할 수 있다. 한국어판은 에이콘출판사 웹사이트 http://www.acornpub.co.kr/book/php-mariadb에서 찾아볼 수 있다.

저작권 침해

인터넷을 통한 저작권 침해 행위는 모든 매체가 골머리를 앓고 있는 심각한 문제다. 팩트출판사 또한 저작권과 라이선스 문제를 매우 심각하게 생각한다. 인터넷에서 어떤 형태로든 팩트 책의 불법 복제물을 발견한다면, 적절한 조치를 취할 수 있게 주소나 사이트명을 즉시 알려주길 부탁 드린다. 의심되는 불법 복제물의 링크를 copyright@packtpub.com으로 보내주기 바란다.

더 좋은 책을 만들기 위한 팩트출판사와 저자들의 노력을 배려하는 마음에 깊은 감사의 뜻을 전한다.

질문

이 책에 대한 질문이 있다면 question@packtpub.com을 통해 문의하기 바란다. 최선을 다해 질문에 답할 것이다. 한국어판에 대한 질문은 이 책의 옮긴이나 에이콘출판사 편집 팀(editor@acornpub.co.kr)으로 연락주기 바란다.

1

CRUD 연산, 정렬, 필터링, 조인

데이터 저장 및 관리는 오랜 시간 동안 매우 중요한 요소였다. 서버 측 웹 개발자라면 현재 가능한 여러 데이터 저장 옵션을 철저히 이해해야 한다. 우리가 처리해야 할 데이터는 사용자 정보, 회사 정보, 주문 데이터, 제품 데이터, 개인 데이터 등이다. 가공되지 않은 형태(원래 형태)의 데이터로부터 정보를 얻기 위해서는 해당 데이터를 처리하고 정리해야 한다. 텍스트 파일이나 스프레드시트는 웹 애플리케이션의 데이터 저장소로 활용될 수 있으나, 데이터의 크기가 커질수록 하나의 파일에서 정보를 검색, 조회, 추가, 업데이트하는 것은 매우 어려워진다. 많은 웹사이트가 사용자 정보를 일 또는 주 단위로 로그파일로 저장하여 관리한다. 이 방식은 많은 수의 로그파일 생성을 초래하며, 가장 빈번히 발생하는 문제인 데이터의 무결성을 보장하지 못한다. 예를 들어, 데이터가 여러 파일에 걸쳐 존재할 때 중복 레코드를 제거하는 과정은 매우 복잡해진다. 파일에 데이터를 저장하는 경우에도 데이터 업데이트 관리가 어려우며, 어떤 사항이 업데이트됐는지, 누가 업데이트했는지 등을 로그로 남기기 어렵다. 게다가, 여러 사용자가 동시에 파일에 접근하거나 업데이트할 때 해당 파일에 대한 접근 제한 관리가 어렵다. 이러한 이유로 인해 계속해서 데이터 저장 및 관리 솔루션에 대한 필요성이 존재해왔다.

다른 데이터 저장 솔루션으로 데이터를 데이터베이스에 저장하는 방법이 있다. 이 책에서도 데이터베이스를 활용할 것이다. 데이터베이스는 데이터와 해당 데이터와 관련된 규칙의 통합적인 집합체다. 데이터베이스는 조직화된 방식으로 데이터를 저장하고, 해당 데이터를 보호하는 규칙을 구현하고, 데이터 조회, 데이터 수정, 데이터 관리 같은 연산을 단순화하기 위해 데이터베이스 관리 시스템을 활용한다.

데이터베이스 관리 시스템DBMS, Database Management System은 하나의 소프트웨어 또는 여러 프로그램의 집합으로 구성된다. 이러한 소프트웨어나 프로그램이 하는 역할은 다음과 같다. 하나 또는 다수의 데이터베이스를 관리하고, 데이터 관리, 데이터 접근, 효율적인 데이터 보안과 같은 중요 기능을 제공한다. 데이터베이스 관리 시스템을 책장에 비유할 수 있다. 책장은 책을 조직화된 방식으로 저장하는 데 사용하는 막힌 공간이다. 이러한 점이 책장과 데이터베이스 관리 시스템이 비슷한 점이다. 다양한 데이터베이스 관리 시스템을 제공하는 벤더들이 많이 있지만 이 책에서는 MariaDB에 집중할 것이다.

책장 비유를 조금 더 살펴보자. 책장 속 책은 장으로 나뉜다. 마찬가지로 데이터베이스의 데이터는 테이블에 저장된다. 테이블은 데이터베이스의 근간을 이루는 구성요소라 할 수 있다. 데이터는 테이블 내에만 저장될 수 있다. 만약 데이터베이스 내에 테이블이 없다면, 해당 데이터베이스에는 데이터가 없는 것이다. 모든 테이블은 유일한 이름으로 구분할 수 있다. 이는 하나의 데이터베이스에 동일한 이름을 지닌 두 개의 테이블이 존재할 수 없다는 뜻이다. 테이블의 데이터는 행과 열이라는 이차원 구조로 저장되고 표현된다. MariaDB는 RDBMS이며 에드가 코드Edgar F Codd가 제안한 관계형 모델 이론을 따른다. 관계형relational이라는 용어는 두 가지 의미를 지닌다. 우선 동일한 데이터베이스 내에 테이블 간의 관계를 의미하며, 하나의 테이블 내에 열(칼럼) 간의 관계를 의미한다.

테이블은 어떤 특성을 지니며, 데이터가 어떤 식으로 저장되어야 하는지를 정의한 특정한 구조 또는 레이아웃을 기반으로 생성된다. 이런 특성은 열의 고유 이름과 해당 열에 저장될 데이터의 종류를 의미한다. 하나의 행은 테이블에 저장될 수 있는 가장 작은 단위의 정보를 저장한다. 하나의 레코드를 여러 데이터로 나눌 수 있는데, 테이블의 각 열은 이러한 데이터를 저장한다. 모든 사용자 데이터가 저장된 테이블이 있고, 모든 주문 정보가 저장된 테이블이 있고, 모든 제품 정보가 저장된 테이블이 있다고 해보자. 여기서, 사용자 테이블의 각 행은 하나의 사용자 레코드를 나타내고, 주문 테이블의 각 행은 하나의 주문 레코드를 나타내며, 제품 테이블의 각 행은 하나의 제품 레코드를 나타낸다. 사용자 테이블에서 사용자이름, 주소, 도시, 주, 우편번호 등이 각각 열이 될 수 있다. 이러한 열이 모여 특정 사용자에 대한 데이터를 제공한다. 각 열은 해당 열에 저장될 수 있는 데이터의 종류를 정의한 데이터타입과 연관 관계를 갖는다. 데이터타입은 어떤 열에 저장될 수 있는 데이터의 종류를 제한하며, 이는 데이터의 효율적인 저장을 가능케 한다. 저장될 데이터의 종류에 따라 데이터타입은 숫자, 문자열, 날짜-시간 데이터타입으로 분류할 수 있다.

문자열 데이터타입

다음 주요 테이터타입에 대해 살펴보자.

데이터타입	설명	참고
CHAR(L)	0에서 255바이트 사이의 고정 길이 문자열을 저장한다.	지정된 길이를 넘어가면 초과된 데이터는 제거된다.
VARCHAR(L)	가변 길이 문자열을 저장하며, 저장 가능한 문자 개수는 0에서 65,535개이다.	65,535는 테이블의 한 행이 지닐 수 있는 실질적인 최대 크기다.
TEXT	문자 데이터를 저장하며, 최대 65,535개의 문자를 저장한다.	길이를 명시하지 않아도 된다.

(이어서)

데이터타입	설명	참고
TINYTEXT	텍스트 열을 저장하며, 최대 255개의 문자를 저장한다.	
MEDIUMTEXT	텍스트 열을 저장하며, 최대 16,777,215개의 문자를 저장한다.	
LONGTEXT	텍스트 열을 저장하며, 최대 4,294,967,295개의 문자를 저장한다.	
BLOB	이진 데이터를 저장하며 최대 65,535바이트의 텍스트 열을 저장한다.	BLOB(Binary Large Objects)는 이미지와 같은 이진 데이터를 저장하는 데 사용된다.
TINYBLOB	최대 길이가 255바이트인 BLOB 데이터타입이다.	
MEDIUMBLOB	텍스트 열을 저장하며, 최대 16,777,215바이트를 저장한다.	
LONGBLOB	텍스트 열을 저장하며, 최대 4,294,967,295바이트를 저장한다.	
ENUM	문자열 목록을 제공하며, 사용자는 하나의 값을 선택할 수 있다.	최대 65,535개의 문자열 값이 하나의 ENUM 데이터타입에 저장될 수 있다.
SET	ENUM 데이터타입과 비슷하다. 문자열 목록을 제공하며, 사용자는 아무것도 선택하지 않거나 하나 또는 다수의 값을 선택할 수 있다.	하나의 SET 데이터타입은 최대 64개의 다른 값을 저장할 수 있다.

숫자 데이터타입

다음 주요 숫자 데이터타입에 대해 살펴보자.

데이터타입	설명	참고
tinyint	정수 값을 저장한다.	부호가 있는 경우 −128에서 127 부호가 없는 경우 0에서 255
Smallint	정수 값을 저장한다.	부호가 있는 경우 −32768에서 32767 부호가 없는 경우 0에서 65535
Mediumint	정수 값을 저장한다.	부호가 있는 경우 −8388608에서 8388607 부호가 없는 경우 0에서 16777215
int(l)	정수 값을 저장하고 해당 정수의 크기를 지정할 수 있다.	부호가 있는 경우 −2147483648에서 2147483647 부호가 없는 경우 0에서 4294967295
Bigint	정수 값을 저장한다.	부호가 있는 경우 −9223372036854775808에서 9223372036854775807 부호가 없는 경우 0에서 18446744073709551615
Float(l,d)	부동소수점 수를 저장하고, l에 표시하고자 하는 숫자의 총 길이를 지정하고, d에 소수점 이후에 몇 개의 수를 표시할지 지정할 수 있다. l의 기본값은 10이고, d의 기본값은 2이다.	4바이트 단정밀도(single precision)를 사용하며 소수점 이후로 0에서 23개의 수를 표시할 수 있다.
Double(l,d)	FLOAT와 비슷하며, 8바이트 배정밀도(double precision)를 사용한다. l의 기본값은 16이고, d의 기본값은 4이다.	DOUBLE 데이터타입은 소수점 이후로 24에서 53개의 수를 표시할 수 있다. FLOAT와 DOUBLE 데이터타입은 과학 계산 결과를 저장하는 데 주로 사용된다.
decimal(l,d)	정확한 데이터 값을 저장하고, l에 표시하고자 하는 숫자의 총 길이를 지정하고, d에 소수점 이후에 몇 개의 수를 표시할지 지정할 수 있다.	매우 정확한 결과를 다루는 정밀 수학에 사용된다. DECIMAL 데이터타입은 금전 데이터를 저장하는 데 주로 사용된다.

날짜 데이터타입

다음 주요 날짜 데이터타입을 살펴보자.

데이터타입	설명	참고
Date	YYYY-MM-DD 형태로 날짜를 저장한다.	최소값 1000-01-01 최대값 9999-12-31
Time	HHH:MM:SS 형태로 시간을 저장한다.	최소값 -838:59:59 최대값 838:59:59
datetime	YYYY-MM-DD HH:MM:SS 형태로 날짜와 시간을 저장한다.	최소값 1970-01-01 00:00:01 UTC 최대값 2038-01-19 03:14:07 UTC
Timestamp	날짜와 시간을 둘 다 저장한다.	최소값 1970-01-01 00:00:01 UTC 최대값 2038-01-19 03:14:07 UTC
year (L)	연도를 2자리 또는 4자리 형태로 저장한다. 연도의 길이는 타입 선언 시 지정한다. 기본값은 4자리이다.	4자리의 최소값 1901 4자리의 최대값 2155

행을 만드는 데 사용 가능한 데이터타입에 대해 살펴봤으니 SQL을 사용해 첫 번째 테이블을 만들어보자. 구조화된 질의 언어SQL, Structured Query Language는 다목적 프로그래밍 언어다. SQL을 사용해 데이터에 대한 연산을 관리하고 수행하기 위해 데이터베이스 관리 시스템과 통신할 수 있다. SQL 연산을 다음과 같은 세 가지 그룹으로 나눌 수 있다. 데이터 정의 언어DDL, Data Definition Language, 데이터 조작 언어DML, Data Manipulation Language, 데이터 제어 언어DCL, Data Control Language다.

그룹	설명	작업
DDL	데이터 정의 언어는 테이블을 생성하거나, 기존 테이블을 수정하는 데 사용된다. 필요 없는 테이블을 제거할 수 있으며, 테이블의 데이터를 제거하거나, 열에 인덱스를 생성하거나 제거할 수 있다.	• CREATE • ALTER • DROP • TRUNCATE • RENAME
DML	데이터 조작 언어는 데이터의 삽입, 갱신, 삭제, 조회 작업에 사용된다.	• SELECT • INSERT • UPDATE • DELETE • CALL • REPLACE • LOAD DATA INFILE
DCL	데이터 제어 언어는 데이터 접근 관리에 사용된다. DCL은 MariaDB의 복잡한 보안 모델과 호환된다.	• GRANT • REVOKE
기타 관리 및 유틸리티 명령어	자주 사용되지만 DDL, DML, DCL에 분류되지 않는 SQL 명령어들이다.	• EXPLAIN • SHOW • DESCRIBE • HELP • USE

지금까지 DBMS과 SQL의 기본 사항에 대해 알아봤으니, MariaDB 서버에 접속해볼 차례다. MariaDB는 메타데이터를 저장하기 위해 자체적으로 사용되는 몇 가지 데이터베이스를 기본으로 포함한다. 여기서 메타데이터는 데이터베이스와 테이블, 열, 사용자, 권한, 로그 등에 관한 정보를 의미한다. 즉 MariaDB는 자기 자신에 관한 데이터를 MariaDB 테이블에 저장한다.

 PHP, MariaDB, 아파치의 설정 절차에 관한 더 많은 정보는 부록 A를 참고하자.

MariaDB를 설치했고 해당 DB 서버에 대한 루트 접속 권한이 있기 때문에, 모든 메타데이터 정보를 확인할 수 있다. 현재 MariaDB에 있는 메타데이터 정보를 확인하려면 SHOW 명령어를 사용한다. 기존 데이터베이스 목록을 조회하려면 SHOW 명령어 뒤에 DATABASES를 추가하면 된다.

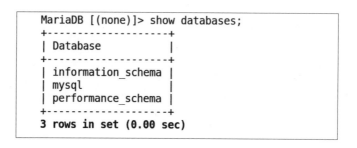

```
MariaDB [(none)]> show databases;
+--------------------+
| Database           |
+--------------------+
| information_schema |
| mysql              |
| performance_schema |
+--------------------+
3 rows in set (0.00 sec)
```

 SQL 명령어는 대소문자를 구분하지 않는다. 따라서 SQL 명령어 사용 시 대소문자를 구분하지 않아도 된다.

show databases; 명령어를 실행하는 순간, 기존 데이터베이스 목록이 화면에 출력된다. 이러한 데이터베이스는 설정 정보와 필수 메타데이터를 저장하기 위해 예약된 데이터베이스들이다. 앞에서 언급했듯이, MariaDB는 자신의 데이터를 MariaDB 자체에 저장한다. 따라서, 데이터를 저장하기 위해 기존 데이터베이스를 사용해서는 안 된다. 데이터를 저장하려면 별도의 데이터베이스를 생성해야 한다. 새로운 데이터베이스를 생성하려면 DDL에 속하는 SQL 명령어를 사용해야 한다. 새로운 데이터베이스를 생성하기 위해 CREATE DDL 명령어 다음에 DATABASE 키워드가 오고 그리고 나서 생성하고자 하는 데이터베이스의 이름이 온다. 학생 기록과 등록 가능한 코스, 해당 학생이 이미 등록한 코스를 관리하는 간단한 코스 등록 데이터베이스를 생성해보자.

 MariaDB는 하나의 명령문이 끝날 때 반드시 기본 종결자인 세미콜론(;)을 찍어야 한다. 세미콜론이 명령문 끝에 없으면 해당 SQL 명령어는 실행되지 않는다.

28

```
MariaDB [(none)]> create database course_registry;
Query OK, 1 row affected (0.00 sec)
```

첫 번째 데이터베이스를 성공적으로 생성했다. 데이터베이스가 제대로 생성됐는지 확인하기 위해 show database; 명령어를 한 번 더 실행해서 데이터베이스 목록에 생성된 데이터베이스가 나타나는지 살펴보자.

```
MariaDB [(none)]> show databases;
+--------------------+
| Database           |
+--------------------+
| information_schema |
| course_registry    |
| mysql              |
| performance_schema |
+--------------------+
4 rows in set (0.00 sec)
```

새로운 데이터베이스가 데이터베이스 목록에 나타나는 것을 확인했으니, 해당 course_registry 데이터베이스를 사용하겠다고 설정한 다음, course_registry 데이터베이스에 테이블을 만들어보자. 어떤 데이터베이스를 사용하겠다고 설정하려면 USE 유틸리티 명령어를 사용한다. USE 명령어 뒤에 이미 생성된 데이터베이스의 이름이 와야 하며, 존재하지 않는 데이터베이스의 이름이 오는 경우 명령어 실행 시 오류가 발생한다.

```
MariaDB [(none)]> use course_registry;
Database changed
MariaDB [course_registry]> █
```

데이터베이스가 성공적으로 변경되었다. MariaDB 옆 괄호 안의 데이터베이스 이름이 현재 데이터베이스를 나타낸다.

이제 course_registry 데이터베이스가 선택됐으므로, 저장될 데이터를 살펴보자. course_registry 데이터베이스는 학생 기록, 남은 과목, 등록 과목 등에 관한 모든 정보를 저장한다. 데이터 저장을 위해 학생과 과목의 모든 정보를 하나의 테이블에 저장하는 방식을 사용할 수 있다. 이 방식은 스프레드시트에 저장할 때와 마찬가지로 두 가지 문제점이 있다. 첫째, 한 명의 학생이 여러 개의 과목을 등록한 경우 해당 학생의 정보가 반복되어 저장된다.

둘째, 학생 정보가 잘못된 경우 데이터 불일치가 발생한다. 즉 다음 번에도 이러한 잘못된 학생 정보를 사용하게 되거나 혹은 새롭게 데이터를 입력하는 경우, 사용자가 다른 사용자 정보를 입력할 수 있어서 데이터 불일치가 발생한다. 이를 피하기 위해 데이터를 세 개의 테이블에 나눠 저장할 것이다. students 테이블과 courses 테이블, students_courses 테이블에 나누어 저장할 것이다.

학생 기록은 students 테이블에 저장되고, 사용 가능한 코스는 courses 테이블에 저장되고, 해당 학생이 이미 등록한 코스는 students_courses 테이블에 저장된다. students_courses 테이블은 students 테이블과 courses 테이블의 공통 필드를 포함하는 연관 테이블이다. 이러한 연관 테이블을 연결 테이블bridge table 또는 쌍 테이블paired table 또는 상호 참조cross reference 테이블이라고 부른다. students_courses 테이블을 사용함으로써, 하나의 학생이 하나 이상의 코스에 등록할 수 있는 경우를 처리할 수 있다.

테이블을 생성하기 전에 해당 테이블에 포함된 데이터의 타입을 이해하는 것이 매우 중요하다. 이러한 데이터를 근거로, 열 이름과 해당 열의 데이터타입을 결정해야 한다. 열 이름은 직관적이어야 한다. 열 이름이 직관적일 때, 시스템 관리자와 감사auditor, 동료 개발자 등이 열에 현재 저장된 데이터의 종류가 무엇인지, 그리고 어떤 종류의 데이터를 저장할 수 있는지 쉽게 이해할 수 있다. 이제 students 테이블을 생성해보자.

students 테이블

students 테이블의 필드를 살펴보고 해당 테이블이 하는 역할을 알아보자.

열 이름	데이터타입	설명
student_id	int	학생의 고유 ID를 저장한다.
first_name	varchar(60)	학생의 이름을 저장한다.
last_name	varchar(60)	학생의 성을 저장한다.
address	varchar(255)	학생의 주소를 저장한다.
city	varchar(45)	도시의 이름을 저장한다.
states	char(2)	미국 주 이름을 두 글자 약어로 저장한다.
zip_code	char(5)	미국의 다섯 자리 우편번호를 저장한다.

 우편번호나 사회보장번호를 저장할 때 문자 데이터타입을 사용하는 것을 권장한다. 우편번호나 사회보장번호는 숫자로 이루어져 있지만, 정수 데이터타입은 선행되는 숫자 0을 무시하므로 사용하지 않는 것이 좋다. 예를 들어 우편번호가 06909일 때, 정수 데이터타입을 사용하면, 우편번호가 6909로 저장된다.

위의 테이블 구조를 생성하기 위한 SQL을 만들어보자. 테이블을 생성하려면 CREATE DDL 명령어를 사용해야 하며, CREATE 명령어 뒤에 TABLE 키워드와 테이블 구조가 와야 한다. SQL에서 하나의 열에 대해 열의 이름을 먼저 표기하고 다음에 열의 데이터타입을 표기한다. students 테이블에는 여러 열이 있고 각 열은 콤마(,)로 구분한다.

```
MariaDB [course_registry]> create table students(
    -> student_id int,
    -> first_name varchar(60),
    -> last_name varchar(60),
    -> address varchar(255),
    -> city varchar(40),
    -> state char(2),
    -> zip_code char(5)
    -> );
Query OK, 0 rows affected (0.05 sec)
```

위의 쿼리를 실행하면 students 테이블이 생성된다. students 테이블이 제대로 생성됐는지 확인하기 위해 현재 데이터베이스에 존재하는 테이블의 목록을 보는 SHOW TABLES 명령어를 실행한다.

```
MariaDB [course_registry]> show tables;
+-------------------------+
| Tables_in_course_registry |
+-------------------------+
| students                |
+-------------------------+
1 row in set (0.00 sec)
```

show tables; 명령어를 실행해 기존 테이블의 목록을 확인했고, students 테이블이 course_registry 데이터베이스에 존재한다는 것도 확인했다. 이제 students 테이블의 구조가 우리가 의도한 대로 되어 있는지 확인해보자. 'describe 명령어 + 테이블 이름'을 실행해 테이블 구조를 살펴보자.

 describe와 desc 명령어는 같은 동작을 한다. 두 명령어 모두 확인하고자 하는 테이블의 이름이 와야 한다.

```
MariaDB [course_registry]> describe students;
+------------+--------------+------+-----+---------+-------+
| Field      | Type         | Null | Key | Default | Extra |
+------------+--------------+------+-----+---------+-------+
| student_id | int(11)      | YES  |     | NULL    |       |
| first_name | varchar(60)  | YES  |     | NULL    |       |
| last_name  | varchar(60)  | YES  |     | NULL    |       |
| address    | varchar(255) | YES  |     | NULL    |       |
| city       | varchar(40)  | YES  |     | NULL    |       |
| state      | char(2)      | YES  |     | NULL    |       |
| zip_code   | char(5)      | YES  |     | NULL    |       |
+------------+--------------+------+-----+---------+-------+
7 rows in set (0.00 sec)
```

이제 courses 테이블을 생성해보자. courses 테이블은 학생이 등록할 수 있는 모든 코스가 저장된 테이블이다. courses 테이블은 각 코스의 고유 ID(course_id)와 코스의 이름(course_name), 코스에 대한 간단한 소개(course_description)를 저장한다.

courses 테이블

courses 테이블이 저장하는 필드와 각 필드의 데이터타입을 살펴보자.

열 이름	데이터타입	설명
course_id	int	코스의 고유 ID를 저장한다.
name	varchar(60)	코스의 이름을 저장한다.
description	varchar(255)	코스에 대한 설명을 저장한다.

courses 테이블 구조를 생성하는 SQL을 만들어보자.

```
MariaDB [course_registry]> create table courses(
    -> course_id int,
    -> name varchar(60),
    -> description varchar(255)
    -> );
Query OK, 0 rows affected (0.08 sec)
```

쿼리를 실행한 다음 SHOW TABLES 명령어를 실행해 courses 테이블이 생성됐는지 확인해보자.

```
MariaDB [course_registry]> show tables;
+--------------------------+
| Tables_in_course_registry |
+--------------------------+
| courses                  |
| students                 |
+--------------------------+
2 rows in set (0.00 sec)
```

SHOW TABLES 명령어를 실행하면 현재 데이터베이스에 존재하는 테이블의 목록이 반환된다. courses 테이블이 목록에 존재하는 것을 볼 수 있다. students 테이블과 courses 테이블을 생성했으니 두 테이블의 연관 관계를 담고 있는 연관 테이블을 생성해보자. 연관 테이블은 특정 코스에 등록한 학생에 관한 데이터를 저장한다.

students_courses 테이블

students_courses 테이블의 필드와 각 필드의 값을 살펴보자.

열 이름	데이터타입	설명
course_id	int	코스의 고유 ID를 저장한다.
student_id	int	학생의 고유 ID를 저장한다.

students_courses 테이블 구조를 생성하기 위한 SQL을 만들어보자.

```
MariaDB [course_registry]> create table students_courses(
    -> course_id int,
    -> student_id int
    -> );
Query OK, 0 rows affected (0.01 sec)
```

쿼리를 실행한 다음, SHOW TABLES 명령어를 실행해 courses 테이블이 생성됐는지 확인해보자.

```
MariaDB [course_registry]> show tables;
+---------------------------+
| Tables_in_course_registry |
+---------------------------+
| courses                   |
| students                  |
| students_courses          |
+---------------------------+
3 rows in set (0.00 sec)
```

SHOW TABLES 명령어를 실행하면 현재 테이블 목록이 출력되고, students_courses 테이블이 목록에 있는 것을 확인할 수 있다.

데이터 삽입

지금까지 테이블을 생성했으니, 이제 해당 테이블에 데이터를 입력해보자. 하나의 행(하나의 레코드)을 삽입하거나 여러 행을 삽입하는 몇 가지 방식에 대해 살펴보자. 데이터를 테이블에 삽입하려면 INSERT DML 명령어를 사용해야 한다. INSERT 명령어 다음에 테이블 이름과 테이블의 각 열에 입력할 값이 와야 한다. 다음과 같이 학생 레코드를 students 테이블에 삽입해보자.

```
MariaDB [course_registry]> insert into students
    -> values( 1,
    -> "John",
    -> "Doe",
    -> "3225 Woodland Park St",
    -> "Houston",
    -> "TX",
    -> "77082"
    -> );
Query OK, 1 row affected (0.10 sec)
```

위의 예제에서 새로운 학생 레코드를 students 테이블에 삽입한다. VALUES 구문에 해당 학생에 대한 데이터를 제공한다. 이러한 구문은 매우 간단해 보이지만, 데이터를 삽입하기에 매우 안전한 방식은 아니다. INSERT 문은 테이블 구조에 열이 정의된 순서를 따라야 한다. 따라서 VALUES 구문 내 데이터는 각 열이 선언된 순서에 따라 어떤 열에 저장될 것인지 결정된다. 위의 예제에서 첫 번째 데이터인 1은 students 테이블의 첫 번째 열인 student_id 열에 저장될 것이다. students 테이블을 동일한 PC 또는 다른 PC에서 재생성하는 경우, 열의 순서가 현재 MariaDB 서버의 순서와 동일할 것이라는 보장은 없다. 위의 방식으로 INSERT 문을 사용하는 것에 비해 더 안전한 방식으로 INSERT 문에 열 이름을 명시적으로 입력할 수 있다.

```
MariaDB [course_registry]> insert into students(
    -> student_id,
    -> first_name,
    -> last_name,
    -> address,
    -> city,
    -> state,
    -> zip_code
    -> )
    -> values( 2,
    -> "Jane",
    -> "Dane",
    -> "49 Puritan Ln",
    -> "Stamford",
    -> "CT",
    -> "06906"
    -> );
Query OK, 1 row affected (0.11 sec)
```

비록 위의 SQL 문이 약간 더 길긴 하지만 VALUES 구문을 통해 전달되는 데이터가 올바른 열에 저장될 것이라는 점이 보장된다. 위와 같은 방식으로 INSERT 구문을 사용함으로써 열의 순서는 더 이상 중요하지 않다. 위의 쿼리를 실행하면 MariaDB는 쿼리 내 열 목록의 각 열과 VALUES 목록의 값을 순서에 따라 대응시킨다. 이러한 방식은 테이블의 일부 열에 대한 데이터만을 입력하는 경우에 유용하게 사용할 수 있다. 일부 열에 대한 데이터만 있고 데이터가 없는 열에 대해서는 NULL을 사용하는 다음 예제를 살펴보자.

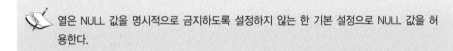 SQL에서 NULL은 값이 없음을 나타낸다.

```
MariaDB [course_registry]> insert into students(
    -> student_id,
    -> first_name,
    -> last_name,
    -> address,
    -> city,
    -> state,
    -> zip_code
    -> )
    -> values( 3,
    -> "Richard",
    -> "Roe",
    -> NULL,
    -> "Atlanta",
    -> "GA",
    -> "30328"
    -> );
Query OK, 1 row affected (0.14 sec)
```

위의 예제에서 학생 레코드를 삽입하는 데 해당 학생의 주소(address)를 알 수 없
어서 NULL을 삽입한다.

열은 NULL 값을 명시적으로 금지하도록 설정하지 않는 한 기본 설정으로 NULL 값을 허
용한다.

지금까지 하나의 레코드 행을 삽입하기 위한 다양한 삽입 구문을 살펴봤다. 이제
다음 단계로 다수의 레코드를 삽입하는 방식에 대해 살펴보자. 다수의 레코드를
테이블에 삽입하는 방식에는 두 가지가 있다. 첫 번째 방식은 다음과 같이 INSERT
문을 각 행별로 실행하는 것이다. 각 INSERT 문의 끝에는 종결자(;)가 와야 한다.

```
insert into courses(
        course_id, name, description
)
values(1, "CS-101",
        "Introduction to Computer Science");

insert into courses(
        course_id, name, description
)
values(2, "CE-101",
        "Introduction to Computer Engineering");
```

다수의 레코드를 삽입하는 두 번째 방식으로 VALUES 구문 밑에 여러 레코드를 입력할 수 있다. 각 레코드는 콤마(,)로 구분되어야 하고, 마지막 레코드 다음에는 종결자(;)가 와야 한다.

```
insert into students_courses(
        student_id, course_id)
values
        (1,1), -- Student id 1 & Course id 1
        (1,2), -- Student id 1 & Course id 2
        (2,2), -- Student id 2 & Course id 2
        (3,1); -- Student id 3 & Course id 1
```

 현재 테이블 간에 참조 무결성을 유지하기 위해 어떤 제약사항도 사용하고 있지 않다. 따라서 students_courses 테이블에 어떤 정수도 입력할 수 있다. 실제 존재하는 학생 ID와 코스 ID만 삽입 가능하도록 설정하려면 기본 키(primary key) 제약사항과 외래 키(foreign key) 제약사항을 사용해야 한다. 이러한 제약사항에 대해서는 2장에서 다룬다.

위의 예제에서 다수의 레코드를 students_courses 테이블에 삽입한다. 위 SQL 쿼리 실행 시, 연관 레코드가 students_courses 테이블에 삽입된다. 우선 values 구문 밑의 첫 번째 값인 (1,1)에 대해 삽입이 이루어진다. 이때 student_id 열에 삽입될 값은 1이고, course_id 열에 삽입될 값은 1이다. student_id 1에 해당하는 학생 기록은 John Doe이고, course_id 1에 해당하는 코스는 CS-101이다. 각 값의 끝에 있는 주석은 해당 값의 의미를 설명한다. 주석이 SQL 문 내에 존재하지만 해당 주석은 단지 설명의 목적만을 지닐 뿐 MariaDB에 의해 처리되지 않는다.

 또한 MariaDB는 여러 줄로 된 주석도 지원한다. 여러 줄로 된 주석을 생성하려면 주석의 시작 부에 /*를 입력하고, 주석의 종료 부에 */를 입력하면 된다.

```
/* 여러 줄로 된
주석을
여기에
기록하세요. */
```

또 다른 삽입 방식으로 테이블로부터 읽어 온 데이터를 실시간으로 삽입하는 방식이 있다. 뒤에서 데이터 조회와 필터링에 대해 배운 다음 해당 방식에 대해 알아보겠다.

데이터 조회

지금까지 students 테이블과 courses 테이블, students_courses 테이블에 데이터를 삽입했다. 이제 데이터를 조회하는 다양한 방식에 대해 살펴볼 것이다. 데이터 조회 시 SELECT 명령어를 사용할 것이다. SELECT 문은 최소 두 가지 매개변수를 필요로 한다. 첫 번째는 무엇을 조회할 것인가이고, 두 번째는 어디서 조회할 것인가이다. 가장 간단한 SELECT 명령어는 students 테이블에서 모든 학생 기록을 조회하는 것이 될 것이다.

```
MariaDB [course_registry]> select * from students;
+------------+------------+-----------+----------------------+----------+-------+----------+
| student_id | first_name | last_name | address              | city     | state | zip_code |
+------------+------------+-----------+----------------------+----------+-------+----------+
|          1 | John       | Doe       | 3225 Woodland Park St | Houston  | TX    | 77082    |
|          2 | Jane       | Dane      | 49 Puritan Ln        | Stamford | CT    | 06906    |
|          3 | Richard    | Roe       | NULL                 | Atlanta  | GA    | 30328    |
+------------+------------+-----------+----------------------+----------+-------+----------+
3 rows in set (0.00 sec)
```

위 쿼리에서 students 테이블로부터 모든 열의 데이터를 조회하기 위해 *를 사용한다. 이는 데이터 조회 시 추천하는 방식이 아니다. 데이터 조회 시 추천하는 방식은 조회하고자 하는 각 열을 일일이 명시하는 것이다. 각 열은 콤마(,)로 구분해야 한다.

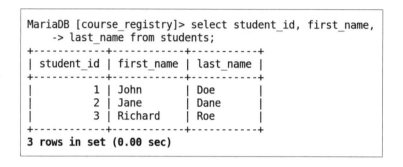

```
MariaDB [course_registry]> select student_id, first_name,
    -> last_name from students;
+------------+------------+-----------+
| student_id | first_name | last_name |
+------------+------------+-----------+
|          1 | John       | Doe       |
|          2 | Jane       | Dane      |
|          3 | Richard    | Roe       |
+------------+------------+-----------+
3 rows in set (0.00 sec)
```

위 쿼리는 students 테이블로부터 student_id 열과 first_name 열, last_name 열을 조회한다. 아직 데이터를 필터링하지 않았기 때문에 SELECT 문은 students 테이블에 있는 모든 학생 레코드를 반환할 것이다. LIMIT 구를 사용해 조회할 레코드의 개수를 제한할 수 있다.

```
MariaDB [course_registry]> select student_id, first_name,
    -> last_name from students limit 1;
+------------+------------+-----------+
| student_id | first_name | last_name |
+------------+------------+-----------+
|          1 | John       | Doe       |
+------------+------------+-----------+
1 row in set (0.00 sec)
```

위 쿼리는 students 테이블로부터 student_id 열과 first_name 열, last_name 열에 대한 데이터를 조회한다. 단, 모든 행을 조회하는 대신에 하나의 행만을 조회한다. 다음 행을 조회하기 위해 LIMIT 구를 다시 사용할 수도 있지만, LIMIT 구와 OFFSET 구를 함께 사용할 수도 있다. OFFSET 구는 레코드의 시작 점을 지정하고, LIMIT 구는 조회하고자 하는 레코드의 개수를 지정한다.

데이터 정렬

지금까지 데이터를 조회하는 다양한 기법에 대해 살펴봤다. 이제 어떻게 데이터를 좀 더 정렬된 방식으로 표현할지 알아보자. SELECT 문을 실행할 때 데이터는 데이터베이스에 존재하는 순서대로 조회된다. 이는 데이터가 저장된 순서와 동일할 것이다. 따라서 MariaDB의 기본 정렬에 의존하는 것은 좋은 생각이 아니다. MariaDB는 명시적으로 데이터를 정렬하는 방법을 제공한다. SELECT 문을 ORDER BY 구와 함께 사용해 데이터를 원하는 대로 정렬할 수 있다. 어떤 식으로 정렬이 도움이 되는지 이해하기 위해 students 테이블의 first_name 열을 조회하는 예제를 수행해보자.

```
MariaDB [course_registry]> select first_name from students;
+------------+
| first_name |
+------------+
| John       |
| Jane       |
| Richard    |
+------------+
3 rows in set (0.00 sec)
```

위의 예제에서 MariaDB의 기본 정렬을 사용한다. 기본 정렬은 삽입된 순서대로 데이터가 표시된다.

```
MariaDB [course_registry]> select first_name from students
    -> order by first_name;
+------------+
| first_name |
+------------+
| Jane       |
| John       |
| Richard    |
+------------+
3 rows in set (0.00 sec)
```

위의 예제에서 first_name 열을 기준으로 데이터를 정렬한다. ORDER BY 문의 기본 설정은 오름차순이다. 따라서 데이터는 알파벳 순서대로 정렬될 것이다. 첫 번째 문자가 동일한 데이터가 있다면 두 번째 문자를 비교한다. 이것이 바로 Jane이

John보다 먼저 표시된 이유다. 열 이름 뒤에 ASC 키워드를 사용해 정렬 순서를 명시적으로 오름차순으로 지정할 수 있다.

```
MariaDB [course_registry]> select first_name from students
    -> order by first_name desc;
+------------+
| first_name |
+------------+
| Richard    |
| John       |
| Jane       |
+------------+
3 rows in set (0.00 sec)
```

위의 예제에서 first_name 열을 기준으로 데이터가 정렬된다. 또한 ORDER BY 구는 DESC 키워드와 함께 쓰였다. 따라서 우리는 데이터를 first_name 열을 기준으로 내림차순으로 정렬한 것이다. 또한 MariaDB는 다중 열 정렬을 제공한다. 이를 정렬 내의 정렬로 생각할 수 있다. 다중 열 정렬을 수행하려면 ORDER BY 구 뒤에 열 이름들을 지정하면 된다. 각 열 이름은 콤마(,)로 구분해야 한다. 다중 열 정렬이 동작하는 방식은 데이터가 ORDER BY 구에 지정된 첫 번째 열을 기준으로 정렬된다. 그리고 나서 첫 번째 열을 기준으로 이미 정렬된 데이터를 다음 열을 기준으로 다시 정렬한다. 이런 식으로 마지막 열까지 이어진 다음 정렬된 데이터가 반환된다. 다중 열 정렬은 여러 열을 기준으로 정렬을 수행하기 때문에 ORDER BY 다음에 지정된 열의 순서가 데이터가 정렬되는 방식을 결정짓는다. 이러한 예제를 알아보기 위해 학생 이름이 John Dane이고 학생 ID가 4인 학생 레코드를 삽입해보자. 이름을 John Dane으로 지은 이유는 John이라는 이름을 지닌 학생(John Doe, John Dane)이 여러 명 있고, Dane이라는 성을 지닌 학생(Jane Dane, John Dane)이 여러 명 존재하도록 만들기 위함이다.

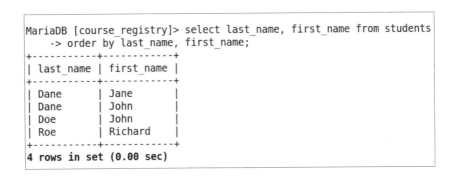

```
MariaDB [course_registry]> select last_name, first_name from students
    -> order by last_name, first_name;
+-----------+------------+
| last_name | first_name |
+-----------+------------+
| Dane      | Jane       |
| Dane      | John       |
| Doe       | John       |
| Roe       | Richard    |
+-----------+------------+
4 rows in set (0.00 sec)
```

위의 예제에서 students 테이블로부터 last_name 열과 first_name 열을 조회한다. 그리고 데이터를 last_name을 기준으로 우선 정렬한 다음, 정렬된 데이터를 first_name을 기준으로 다시 정렬한다. 위의 예제에서는 ORDER BY 구에 지정된 열만으로 조회했지만, ORDER BY 구에 지정된 열만이 조회 가능한 것이 아니다. ORDER BY에 지정된 열 외에 다른 열을 함께 조회할 수 있다. ORDER BY는 단지 데이터가 정렬되는 순서에 영향을 끼칠 뿐이다.

데이터 필터링

지금까지 students 테이블의 모든 데이터를 조회하는 경우를 다루었다. 하지만 모든 데이터를 필요로 하는 경우는 거의 없다. 또한 지금까지 LIMIT 구와 OFFSET 구를 사용해 조회하는 데이터의 양을 제한했다. 이제 검색 기준을 제공하여 데이터를 필터링해보자. SQL 문에서 검색을 수행하기 위해서는 WHERE 구를 사용한다. WHERE 구를 SELECT 문과 함께 사용하거나 UPDATE 문이나 DELETE 문과 함께 사용할 수도 있다. UPDATE 문이나 DELETE 문과 함께 사용하는 경우는 다음 절에서 살펴본다.

```
MariaDB [course_registry]> select student_id, first_name, last_name
    -> from students
    -> where last_name="Dane";
+------------+------------+-----------+
| student_id | first_name | last_name |
+------------+------------+-----------+
|          2 | Jane       | Dane      |
|          4 | John       | Dane      |
+------------+------------+-----------+
2 rows in set (0.00 sec)
```

위의 예제에서 last_name이 Dane인 학생 레코드를 조회한다.

```
MariaDB [course_registry]> select student_id, first_name, last_name
    -> from students
    -> where student_id=1;
+------------+------------+-----------+
| student_id | first_name | last_name |
+------------+------------+-----------+
|          1 | John       | Doe       |
+------------+------------+-----------+
1 row in set (0.00 sec)
```

위의 예제에서 student_id가 1인 학생 레코드를 조회한다.

```
MariaDB [course_registry]> select student_id, first_name, last_name
    -> from students
    -> where student_id>1;
+------------+------------+-----------+
| student_id | first_name | last_name |
+------------+------------+-----------+
|          2 | Jane       | Dane      |
|          3 | Richard    | Roe       |
|          4 | John       | Dane      |
+------------+------------+-----------+
3 rows in set (0.00 sec)
```

위의 예제에서 student_id가 1보다 큰 학생 레코드를 조회한다.

```
MariaDB [course_registry]> select student_id, first_name, last_name
    -> from students
    -> where student_id<4;
+------------+------------+-----------+
| student_id | first_name | last_name |
+------------+------------+-----------+
|          1 | John       | Doe       |
|          2 | Jane       | Dane      |
|          3 | Richard    | Roe       |
+------------+------------+-----------+
3 rows in set (0.00 sec)
```

위의 예제에서 student_id가 4보다 작은 학생 레코드를 조회한다.

```
MariaDB [course_registry]> select student_id, first_name, last_name
    -> from students
    -> where student_id between 1 and 4;
+------------+------------+-----------+
| student_id | first_name | last_name |
+------------+------------+-----------+
|          1 | John       | Doe       |
|          2 | Jane       | Dane      |
|          3 | Richard    | Roe       |
|          4 | John       | Dane      |
+------------+------------+-----------+
4 rows in set (0.00 sec)
```

위의 예제에서 student_id가 1에서 4 사이인 학생 레코드를 조회한다. BETWEEN 구를 사용하면 시작 값과 끝 값을 포함한다. 따라서 student_id가 1과 4인 학생 레코드도 조회된다. 다음 테이블은 데이터 필터링에 사용될 수 있는 연산자를 나타낸다.

연산자	설명	주
=	검색 기준과 정확히 일치하는 레코드만을 반환한다.	
!=	검색 기준과 일치하지 않는 레코드만을 반환한다.	
⟨⟩	검색 기준과 일치하지 않는 레코드만을 반환한다.	⟨⟩는 !=와 동일하다. 둘 다 불일치를 의미하므로, 원하는 것을 사용할 수 있다.
⟩	검색 기준보다 큰 레코드만을 반환한다.	
⟩=	검색 기준보다 크거나 같은 레코드만을 반환한다.	
⟨	검색 기준보다 작은 레코드만을 반환한다.	
⟨=	검색 기준보다 작거나 같은 레코드만을 반환한다.	
IS NULL	특정 열에 데이터가 없는 레코드만을 반환한다.	
IS NOT NULL	특정 열에 데이터가 존재하는 레코드만을 반환한다.	
BETWEEN	특정 범위에 속하는 레코드만을 반환한다.	BETWEEN 키워드와 AND 키워드를 사용한다.

데이터 필터링 시 다중 검색 기준을 제공할 수도 있고, and 연산자나 or 연산자를 사용할 수도 있고, 다중 열 검색 기준을 사용할 수도 있고, 와일드카드 필터링을 사용할 수도 있고, in 연산자를 사용할 수도 있다. 1장에서는 기본 필터링만을 다루기 때문에 고급 필터링 개념에 대해서는 다루지 않는다. 1장의 기본 필터링은 고급 필터링 개념을 이해하는 데 기초가 될 것이다.

데이터 갱신

지금까지 데이터베이스와 테이블, 데이터의 생성과 데이터 조회를 다뤘다. 이제 데이터를 갱신하는 과정에 대해 알아보자. 데이터가 테이블에 추가된 다음에 해당 데이터가 갱신되어야 하는 여러 경우가 있다. 예를 들어, 학생의 이름을 추가할 때 철자를 잘못 입력했거나, 학생이 코스에 등록된 다음 학생의 주소가 바뀌었을 수도 있다. 우리는 UPDATE DML 문을 사용해 데이터를 수정할 것이다. UPDATE 문은 최소 세 가지 항목을 필요로 한다. 첫째, 수정 작업을 할 테이블의 이름이고, 둘째, 열의 이름이고, 셋째, 해당 열에 할당될 값이다. 또한 UPDATE 문을 사용해 한 번에 여러 열을 수정할 수도 있다. 첫 번째 경우는 테이블의 모든 레코드를 갱신해야 하는 경우다. 이는 기존 데이터의 손실을 초래할 수도 있기 때문에 매우 주의 깊게 이뤄져야 한다. 두 번째 경우는 UPDATE 문 사용 시 WHERE 구를 함께 사용해 검색 기준에 해당하는 특정 레코드만을 수정하는 것이다.

```
MariaDB [course_registry]> update students
    -> set city = "Lincoln"
    -> where student_id = 4;
Query OK, 1 row affected (0.11 sec)
Rows matched: 1  Changed: 1  Warnings: 0
```

 SELECT 문에서 검색 기준을 사용하는 것이 좋다. 이는 UPDATE 문이 수행될 데이터를 검증하기 위함이다. 만약 검색 기준을 적용해 데이터를 조회했을 때 원하는 데이터가 반환되지 않으면 검색 기준을 변경해야 한다. 검색 기준이 잘못되었는데 갱신 작업을 진행했을 때를 대비하기 위해 트랜잭션(transaction)을 사용할 수도 있다. 트랜잭션을 사용해 변경된 사항을 되돌릴 수 있기 때문이다.

위의 예제에서 John Dane의 현재 도시를 Lincoln로 갱신한다. 이때 John Dane의 학생 ID를 검색 기준으로 지정했다. 쿼리 콘솔의 결과를 통해서 검색 기준이 제대로 지정됐는지, 그리고 갱신은 제대로 수행됐는지 알 수 있다. 위의 예제를 보면 검색 기준에 부합하는 열이 하나였고, UPDATE 문이 하나의 행에 대해 수행됐음을 알 수 있다.

데이터 삭제

DELETE DML 문을 사용해 데이터를 삭제한다. DELETE 문을 수행하려면 최소한 테이블의 이름은 제공해야 한다. UPDATE 문과 마찬가지로 데이터 손실을 피하기 위해 검색 기준을 사용할 것을 권장한다.

DELETE 문은 레코드가 테이블로부터 영구 삭제되어야 하는 경우에 사용한다.

```
MariaDB [course_registry]> delete from students
    -> where student_id=4;
Query OK, 1 row affected (0.11 sec)
```

 데이터의 영구 삭제를 피하기 위해 불리언(boolean) 플래그를 사용해 레코드가 활성 상태인지 비활성 상태인지(1 또는 0) 지정하기도 한다. 이러한 방식을 소프트 삭제(soft deletes)라고 부르며 이는 장기적으로 데이터를 유지하는 데 도움이 된다.

위의 예제에서 student_id가 4인 학생 레코드를 students 테이블로부터 삭제한다. 검색 기준에 부합하는 레코드가 하나뿐이고, 해당 레코드는 삭제된다. 지금까지 SELECT 문과 UPDATE 문에서 알아 본 검색 기준을 어떻게 사용하면 좋을지에 대한 사항들을 DELETE 문에도 적용할 수 있다.

조인

지금까지 학생 정보를 조회하기 위해 SELECT 문을 다양한 필터링 및 정렬 기법과 함께 사용했다. 우리는 관계형 데이터베이스를 사용하고 있다. 즉 데이터가 다양한 테이블에 저장되어 있기 때문에 SELECT 문을 다수의 테이블에 대해 수행하는 방법을 알아야 한다. 우리의 경우, SELECT 문을 다수의 테이블에 대해 수행하는 방법은 어떤 학생이 어떤 코스에 등록했는지, 가장 많은 수의 학생이 등록된 코스가 어떤 코스인지 등을 알아내는 데 도움이 될 것이다. 관계형 데이터 모델을 따름으로써, 데이터를 좀 더 효율적으로 저장할 수 있고, 다른 테이블에 영향을 주지 않고 데이터를 수정할 수 있으며, 확장성도 보장된다. 하지만 다수의 테이블에 대해 데이터를 조회하는 작업은 하나의 테이블에서 레코드를 조회하는 것보다 어렵다. 우리는 데이터를 조회, 갱신, 삭제하기 위해, 조인을 사용해 다수의 테이블을 연관 지을 것이다.

SQL의 조인은 가상 개체이며, 실행 시간, 즉 SQL 문이 실행되는 동안 수행된다. 다른 SQL 문과 마찬가지로 데이터는 쿼리를 실행하는 동안만 사용 가능하며 디스크에 저장되지 않는다. 조인을 SELECT 문과 함께 사용하여 다수의 테이블로부터 데이터를 조회할 수 있다. 가장 일반적인 조인인 내부 조인inner join에 대해 우선 알아보자. 내부 조인은 조인 술부join predicate의 등가 비교를 기반으로 한 조인이다.

두 개 이상의 테이블 간에 내부 조인을 수행하는 몇 가지 예제를 살펴보자.

```
MariaDB [course_registry]> select students.first_name,
    -> students.last_name,
    -> students_courses.course_id
    -> from students
    -> inner join
    -> students_courses
    -> on
    -> students.student_id
    -> =
    -> students_courses.student_id;
+------------+-----------+-----------+
| first_name | last_name | course_id |
+------------+-----------+-----------+
| John       | Doe       |         1 |
| John       | Doe       |         2 |
| Jane       | Dane      |         2 |
| Richard    | Roe       |         1 |
+------------+-----------+-----------+
4 rows in set (0.00 sec)
```

위의 예제에서 students 테이블과 students_courses 테이블을 조인하여 어떤 코스에 등록한 모든 학생 목록을 조회한다. 이는 앞에서 알아본 SELECT 문과 비슷하다. 큰 차이점으로는 다른 테이블의 열을 추가할 수 있다는 점이다. INNER JOIN 구를 사용해 students 테이블과 students_courses 테이블 간의 연관 관계를 생성한다. student.s 테이블의 student_id의 값은 students_courses 테이블에도 존재한다. 이를 조인 술부join predicate라고 부른다. 이제 모든 테이블을 조인해 각 학생이 등록된 코스의 이름을 조회해보자.

```
MariaDB [course_registry]> select students.first_name,
    -> students.last_name,
    -> courses.name as course_name
    -> from students
    -> inner join
    -> students_courses on
    -> students.student_id = students_courses.student_id
    -> inner join
    -> courses on
    -> students_courses.course_id = courses.course_id;
+------------+-----------+-------------+
| first_name | last_name | course_name |
+------------+-----------+-------------+
| John       | Doe       | CS-101      |
| John       | Doe       | CE-101      |
| Jane       | Dane      | CE-101      |
| Richard    | Roe       | CS-101      |
+------------+-----------+-------------+
4 rows in set (0.00 sec)
```

 이 예제에서 courses 테이블의 name 열에 대한 별칭을 생성한다. AS 문을 사용해 명시적으로 임시 별칭을 생성한다. 이는 열의 이름을 좀 더 직관적으로 보이게 하기 위함이다. 비슷한 방식으로 테이블에 대한 별칭도 생성할 수 있다.

위의 예제에서 course_registry 데이터베이스의 세 가지 테이블을 조인한다. 이제 특정 학생이 등록한 코스의 목록을 조회할 수 있다. 앞에서 살펴본 SELECT 문과 마찬가지로 검색 기준을 추가하여 결과를 추릴 수 있다.

```
MariaDB [course_registry]> select students.first_name,
    -> students.last_name,
    -> courses.name as course_name
    -> from students
    -> inner join
    -> students_courses on
    -> students.student_id = students_courses.student_id
    -> inner join
    -> courses on
    -> students_courses.course_id = courses.course_id
    -> where students.student_id = 2; -- Jane Dane
+------------+-----------+-------------+
| first_name | last_name | course_name |
+------------+-----------+-------------+
| Jane       | Dane      | CE-101      |
+------------+-----------+-------------+
1 row in set (0.00 sec)
```

위의 예제에서 student_id를 사용해 데이터를 필터링한다. student_id가 2인 레코드를 검색한다. 가장 일반적으로 사용하는 조인 문인 내부 조인에 대해 알아봤다. 내부 조인은 등가 조인equi-join이라고도 한다. MariaDB가 지원하는 조인에는 외부 조인outer join, 동일 조인self join, 자연 조인natural join 등이 있으며, 우리는 이러한 조인 문에 대해 별도로 살펴보지 않을 것이다.

요약

1장에서는 MariaDB를 통해 관계형 데이터베이스 관리 시스템의 기본에 대해 알아봤다. 데이터베이스를 생성하고, CRUD 연산(생성Create, 읽기Read, 갱신Update, 삭제Delete)을 수행했다. SELECT 문을 사용해 데이터를 조회하고, 해당 데이터를 정렬하고 필터링하기 위해 ORDER BY 문과 WHERE 문을 사용했다. 그 이후에 UPDATE 문과 DELETE 문을 사용해 데이터를 수정하고 제거했다. 마지막으로 INNER JOIN 문을 사용해 다수의 테이블로부터 데이터를 조회하고, WHERE 문을 사용해 해당 데이터를 필터링했다.

2장에서는 계산 필드를 생성하거나 복합 뷰와 저장 프로시저, 함수, 트리거를 생성하는 것과 같은 고급 주제에 대해 알아본다.

2
MariaDB와 고급 프로그래밍

1장에서 MariaDB에서 수행할 수 있는 기본 연산에 대해 알아봤다. 예로, 데이터베이스 및 테이블 생성, 데이터 추가, 데이터 수정, 데이터 삭제, 데이터 조회에 대해 알아봤다. 선별된 데이터를 얻기 위해 기본 정렬 및 필터링 기법에 대해서도 알아봤다. 2장에서는 다음 고급 개념에 대해 알아본다.

- 인덱스Index
- 저장 프로시저Stored procedure
- 함수Function
- 트리거Triggers

기존 테이블 성능 향상

우선, 기존 students 테이블에 몇 가지 변경사항을 적용해보자. 학생의 사용자이름(username)과 비밀번호(password)를 저장할 두 개의 열을 students 테이블에 추가할 것이다. 현재 작업하고 있는 데이터베이스는 이후에 학생 포털을 지원하는데 사용될 것이다. 사용자이름(username) 필드와 비밀번호(password) 필드의 정보는 학생이 학생 포털에 로그인할 때 해당 학생을 인증하고 해당 학생에게 권한을 부여하는데 사용될 것이다. 이러한 변경을 쉽게 적용할 수 있는 두 가지 방법이 있다. 첫 번째 방법은 DROP TABLE DDL 명령어를 사용해 기존 students 테이블을 제거한 다음, CREATE TABLE DDL 명령어를 사용해 username 필드와 password 필드를 포함하는 새로운 students 테이블을 만드는 것이다. 하지만 이 방식은 기존 데이터의 손실을 가져올 것이다. 두 번째 방법은 ALTER TABLE DDL 명령어를 사용해 기존 students 테이블에 새로운 열을 추가하는 것이다.

다음 화면은 students 테이블을 변경하기 위해 이러한 명령어를 사용하는 법을 보여준다.

```
MariaDB [course_registry]> alter table students
    -> add column username varchar(45) not null,
    -> add column password varchar(40) not null;
Query OK, 13 rows affected (0.76 sec)
Records: 13  Duplicates: 0  Warnings: 0
```

위의 예제에서 ALTER TABLE 명령어를 ADD COLUMN SQL 명령어를 결합하여 새로운 열을 추가한다. 열 정의를 콤마(,)로 구분한다. 열 정의의 끝에 NOT NULL을 추가하여 해당 열이 널 값을 가질 수 없음을 명시한다. 이제 새로운 열을 추가했으니 기존 학생의 사용자이름과 비밀번호를 입력해보자. 데이터 보안을 강화하기 위해 비밀번호를 암호화된 상태로 저장해야 한다. 다음 화면처럼 비밀번호를 암호화하기 위해 SHA1 해시 알고리즘을 사용한다.

```
MariaDB [course_registry]> select SHA1("anystring");
+------------------------------------------+
| SHA1("anystring")                        |
+------------------------------------------+
| a1c237468569e4e12c7549fc2cc4d9aeb440577f |
+------------------------------------------+
1 row in set (0.00 sec)
```

MariaDB는 문자열에 대한 SHA1 해시 값을 생성하기 위한 내장 함수를 제공한다. SHA1은 정적 알고리즘이기 때문에 동일한 문자열에 대해 동일한 해시 값을 생성한다. SHA1은 그 자체로 함수이기 때문에 암호화된 문자열을 얻기 위해 하위 쿼리 subquery를 사용해야 한다. 그 이전에 하위 쿼리를 정규 SQL 문의 일부로 사용하는 법에 관한 예제를 살펴보자. 하위 쿼리는 기존 SQL 문 내에 포함될 수 있는 SQL 문이다.

하위 쿼리를 사용해 CS-101 코스에 등록한 학생의 성과 이름을 조회해보자.

```
MariaDB [course_registry]> select * from courses; --get a list of all courses
+-----------+--------+-----------------------------------+
| course_id | name   | description                       |
+-----------+--------+-----------------------------------+
|         1 | CS-101 | Introduction to Computer Science  |
|         2 | CE-101 | Introduction to Computer Engineering |
+-----------+--------+-----------------------------------+
2 rows in set (0.00 sec)
MariaDB [course_registry]> select student_id from students_courses
    -> where course_id=1 limit 1;--get the first student's id who registered for CS-101
+------------+
| student_id |
+------------+
|          1 |
+------------+
1 row in set (0.00 sec)
MariaDB [course_registry]> select first_name, last_name from students
    -> where student_id=(select student_id from students_courses
    -> where course_id=1 limit 1); --get the firstname and lastname of the student who registered for CS-101
+------------+-----------+
| first_name | last_name |
+------------+-----------+
| John       | Doe       |
+------------+-----------+
1 row in set (0.00 sec)
```

위의 예제에서 먼저 어떤 코스가 있는지 조회한 다음, course_id가 1인 CS-101 코스에 등록한 첫 번째 학생의 student_id를 조회한다. 그 이후에 하위 쿼리의 결과를 바깥쪽 쿼리의 필터링 기준 값으로 사용한다. 2장의 뒤에서 우리는 기존 학생의 사용자이름과 비밀번호를 추가하기 위한 갱신 쿼리에서도 하위 쿼리를 사용할 것이다. 또한 INNER JOIN을 WHERE와 함께 사용하여 하위 쿼리를 사용하는 것과 같은 결과를 얻을 수도 있다. 위의 예제의 목적은 SHA1 함수를 실행하는 데 사용할 하위 쿼리의 개념을 소개하는 것이다.

 이 책의 예제에서는 사용자이름을 "이름.성"으로, 비밀번호는 "이름성"으로 정할 것이다. 비밀번호를 이런 식으로 정하는 이유는 단순히 예제를 간결하게 유지하기 위함이므로, 실전에서는 이런 방식을 사용해서는 안 된다.

다음 예제를 살펴보자.

```
MariaDB [course_registry]> update students set username="john.doe",
password=(select SHA1("johndoe")) where student_id=1;
Query OK, 0 rows affected, 2 warnings (0.07 sec)
Rows matched: 1  Changed: 0  Warnings: 2

MariaDB [course_registry]> update students set username="jane.dane",
 password=(select SHA1("janedane")) where student_id=2;
Query OK, 0 rows affected, 2 warnings (0.07 sec)
Rows matched: 1  Changed: 0  Warnings: 2

MariaDB [course_registry]> update students set username="richard.roe
", password=(select SHA1("richardroe")) where student_id=3;
Query OK, 1 row affected, 2 warnings (0.05 sec)
Rows matched: 1  Changed: 1  Warnings: 2
```

UPDATE DML 문을 사용해 기존 사용자에 대해 사용자이름과 비밀번호를 추가할 것이다. 위에서 이미 얘기했듯이, SHA1 함수를 사용해 비밀번호를 암호화할 것이다. 사용자이름과 비밀번호를 추가했으니, 사용자이름과 비밀번호가 데이터베이스에 어떤 식으로 저장됐는지 살펴보자.

```
MariaDB [course_registry]> select first_name, last_name, username, password
    -> from students;
+------------+-----------+-------------+------------------------------------------+
| first_name | last_name | username    | password                                 |
+------------+-----------+-------------+------------------------------------------+
| John       | Doe       | john.doe    | 6579e96f76baa00787a28653876c6127         |
| Jane       | Dane      | jane.dane   | 7f95133e42c00ce84c4dbeb5db326d00         |
| Richard    | Roe       | richard.roe | d6e854df17d6ce05b1dcbdf6fc802f04         |
+------------+-----------+-------------+------------------------------------------+
3 rows in set (0.00 sec)
```

위의 예제에서 SELECT 문을 사용해 기존 사용자에 대해 first_name 필드와 last_name 필드, password 필드를 조회한다. 위의 화면에서 볼 수 있듯이, 사용자이름은 문자열로 저장되고 "이름.성" 패턴을 따른다. 비밀번호는 SHA1 해시 알고리즘을 통해 성공적으로 암호화됐음을 알 수 있다.

 SHA1은 단방향 해시 알고리즘이다. 따라서 이미 암호화된 데이터는 원래 형태로 되돌릴 수 없다. 사용자 인증 시, 사용자로부터 학생의 비밀번호를 받아서 SHA1 알고리즘으로 암호화한 다음 데이터베이스에 저장된 비밀번호와 로그인 시 입력한 비밀번호가 동일한지 비교한다.

위의 예제에서 SELECT 문을 통해 조회한 결과 값으로부터 username 필드의 레코드들이 고유한 값을 지님을 알 수 있다. 하지만 새로운 학생이 이미 존재하는 사용자이름과 동일한 사용자이름을 만들 가능성이 있다. MariaDB에는 username 열에 입력되는 데이터가 고유하다는 점을 보장하기 위해 고유 키unique key 제약사항을 추가하는 기능이 있다. 고유 키 제약사항은 백그라운드에서 인덱스를 생성하여 고유 키 제약사항을 지닌 열에 추가되는 모든 값이 고유하도록 보장한다.

 고유 키 제약사항은 고유한 인덱스를 사용하고, 해당 인덱스는 입력되는 데이터가 고유한지 검사한다. 또한 입력되는 데이터가 널(null)일 수도 있다. 이 경우, 널은 오직 하나의 레코드에만 허용된다. 즉 MariaDB는 고유 키 제약사항에 있어 널도 일반 데이터처럼 처리한다.

ALTER DDL 명령어를 사용해 students 테이블의 username 열에 고유 키 제약사항을 추가해보자.

```
MariaDB [course_registry]> alter table students
    -> add constraint `uk_students_username`
    -> unique(`username`);
Query OK, 0 rows affected (0.28 sec)
Records: 0  Duplicates: 0  Warnings: 0
```

위의 예제에서 username 열이 고유한 값만을 허용하도록 기존 students 테이블을 수정한다. unique 함수에 username 열을 매개변수로 전달한다. 또한 ADD CONSTRAINT 명령어를 사용해 해당 제약사항에 원하는 이름을 부여한다.

 이미 생성된 테이블의 열에 고유 인덱스를 추가하는 다른 방법은 다음과 같다.

```
alter table students add unique 'username'('username');
```

고유 키 제약사항을 생성했으니 중복 레코드 삽입이 가능한지 테스트해보자. 이번 예제의 경우, Richard Roe라는 사용자이름을 사용해보자.

```
MariaDB [course_registry]> insert into students(username)
    -> values("richard.roe"); --richard.roe already exists
ERROR 1062 (23000): Duplicate entry 'richard.roe' for key 'uk_students_username'
```

위 SQL 문을 실행하면 username 열에 중복 입력이 되었다는 에러를 받는다. 이는 uk_students_username 제약사항이 중복 입력을 막기 때문이다. 또 한 가지 문제점이 있다. 1장에서 student_id 열이 학생에 대한 고유 식별자라고 이야기한 적이 있다. 하지만 위의 예제의 SQL 문을 보면 student_id 열에 아무런 값을 넣지 않고 있다. student_id를 학생에 대한 고유 식별자로 만들기 위해 student_id를 students 테이블의 기본 키primary key로 만들어야 한다. 기본 키는 널 값을 허용하지 않는다는 점을 제외하고는 고유 키와 비슷하다. 널 값을 허용하지 않는 이유는 기본 키는 테이블의 모든 행을 고유하게 식별할 수 있어야 하기 때문이다. 기본 키는 주로 하나의 열에만 설정한다. 우리의 경우, student_id가 된다. 물론, 여러 열을 기본 키로 설정하는 경우도 있다. 일반적으로, 변경되지 않고 반복되지 않는 정수 값을 기본 키로 사용한다. 새로운 학생이 추가될 때 마지막 학생의 ID에 1을 더한다. 현재, 학생이 세 명이므로, 다음 학생이 추가되면 해당 학생의 ID는 4가 된다. 이를 수동으로 할 수 있고, 아니면 MariaDB가 제공하는 자동 증가 기능을 사용할 수도 있다. 자동 증가 기능의 기본 증가 값은 1이며, 새로운 레코드가 삽입될 때마다 마지막 삽입된 값을 계속해서 증가시킨다.

기본 증가 값을 다른 값으로 설정할 수도 있다. 다음 화면은 auto_increment 함수를 어떻게 사용하는지 보여준다.

```
MariaDB [course_registry]> alter table students
    -> change student_id student_id int not null
    -> auto_increment primary key;
Query OK, 3 rows affected (0.15 sec)
Records: 3  Duplicates: 0  Warnings: 0
```

위의 예제에서 ALTER TABLE DDL 명령어와 change 명령어를 함께 사용해 기존 열의 속성을 변경한다. 우선, student_id 열이 널 값을 허용하지 않도록 수정한 다음, student_id 열의 값이 자동으로 증가하도록 student_id 열을 auto increment 열로 만든다. 최종적으로 student_id 열에 대해 기본 키를 생성함으로써 학생 ID가 항상 고유하고 널 값이 허용되지 않게끔 한다. 다음 단계는 students 테이블을 한 번 더 변경하여 새롭게 추가되는 student_id가 4가 되도록 한다. 4로 정한 이유는 이미 학생이 세 명 있기 때문이다.

```
MariaDB [course_registry]> alter table students auto_increment = 4;
Query OK, 3 rows affected (0.20 sec)
Records: 3  Duplicates: 0  Warnings: 0
```

위의 예제에서 auto_increment의 값을 4로 설정한다. 그러고 나면 MariaDB는 student_id 열의 값을 관리할 때 학생의 ID 값을 4부터 증가시킨다. 이제 다른 학생을 삽입해보자. 하지만 이번에는 student_id 열의 값을 삽입하지 말고 MariaDB가 이를 어떻게 처리하는지 지켜보자. 다음 화면과 같이 명령어를 실행해보자.

```
MariaDB [course_registry]> insert into students(first_name, last_name,
 address, city, state, zip_code, username, password) values("Patrick",
 "Smith", "911A Clopper Rd", "Gburg", "MD", "20078", "patrick.smith",
SHA1("patricksmith"));
Query OK, 1 row affected, 2 warnings (0.11 sec)
```

위의 예제에서 Patrick Smith라는 이름의 학생을 추가한다. SELECT 쿼리를 실행하여 student_id 필드와 first_name 필드, last_name 필드, username 필드를 조회해보자.

```
MariaDB [course_registry]> select student_id, first_name,
    -> last_name, username from students;
+------------+------------+-----------+---------------+
| student_id | first_name | last_name | username      |
+------------+------------+-----------+---------------+
|          1 | John       | Doe       | john.doe      |
|          2 | Jane       | Dane      | jane.dane     |
|          3 | Richard    | Roe       | richard.roe   |
|          4 | Patrick    | Smith     | patrick.smith |
+------------+------------+-----------+---------------+
4 rows in set (0.00 sec)
```

위의 예제에서 students 테이블에 있는 학생 레코드를 조회한다. 결과를 보면 마지막 레코드의 student_id 값이 4임을 알 수 있다. 지금부터는 추가되는 학생 레코드는 자동으로 다음 값으로 증가한다. 2장에서 students 테이블을 많이 변경했다. 이제 students 테이블의 구조가 어떻게 변경됐는지 살펴보자.

```
MariaDB [course_registry]> describe students;
+------------+--------------+------+-----+---------+----------------+
| Field      | Type         | Null | Key | Default | Extra          |
+------------+--------------+------+-----+---------+----------------+
| student_id | int(11)      | NO   | PRI | NULL    | auto_increment |
| first_name | varchar(60)  | YES  |     | NULL    |                |
| last_name  | varchar(60)  | YES  |     | NULL    |                |
| address    | varchar(255) | YES  |     | NULL    |                |
| city       | varchar(40)  | YES  |     | NULL    |                |
| state      | char(2)      | YES  |     | NULL    |                |
| zip_code   | char(5)      | YES  |     | NULL    |                |
| username   | varchar(45)  | NO   | UNI | NULL    |                |
| password   | varchar(40)  | NO   |     | NULL    |                |
+------------+--------------+------+-----+---------+----------------+
9 rows in set (0.00 sec)
```

위의 결과는 지금까지 변경한 모든 사항을 보여준다. 첫 번째 변경사항은 username과 password라는 새로운 열을 추가한 것이다. 다른 변경사항으로는 username 열에 고유 키 추가, student_id 열에 기본 키 추가가 있다. 또한 student_id 열은 널 값을 허용하지 않을 것이고 매번 새로운 학생 레코드를 추가할 때마다 student_id 열의 값을 자동 증가시킬 것이다. 지금까지 다룬 대부분의 SQL 문은 하나 또는 다수의 테이블에 접근하는 간단한 SQL 문이었고, SQL 문이 제대로 처리될 수 없는 경우에는 SQL 에러를 발생시킨다. 다수의 SQL 문을 필요로 하는 복잡한 연산을 실행해야 하는 경우, 각 SQL 문을 한 번에 하나씩 실행하는 방법이 있고, 또는 이러한 다수의 SQL 문을 특정 순서로 실행하는 하나의 개체로 만들 수도 있다. 저장 프로시저stored procedure를 사용하면 다수의 SQL 문을 하나의 개체로 만들 수 있다.

 저장 프로시저는 DB 연결이 수립되었을 때 각 DB 연결 단위로 캐시를 생성한다. 따라서, 저장 프로시저를 클라이언트 서버 구조에서 사용하는 경우 사용하기 까다로울 수 있다. 7장, "캐싱"에서 이러한 동작 방식에 대해 좀 더 자세히 알아보겠다.

저장 프로시저 활용

저장 프로시저를 사용해 다수의 SQL 문을 하나의 개체로 포장할 수 있다. 이는 SQL 문을 실행 시 무결성과 일관성을 보장할 수 있다. 다수의 개발자가 동일한 SQL 문들을 매번 실행하여 동일한 작업을 반복적으로 수행하는 경우를 생각해보자. 이때 개발자의 기호에 따라 SQL 문들의 실행순서가 바뀔 수 있다. 이러한 과정은 SQL 문을 하나의 저장 프로시저로 합침으로써 통합될 수 있다. 이렇게 만들어진 하나의 저장 프로시저가 데이터 무결성을 보장하고 여러 다른 시나리오에 대해 일관성을 유지하도록 해당 저장 프로시저를 철저하게 테스트할 수 있다. 다수의 SQL 문을 실행하는 것보다 저장 프로시저를 사용하는 것이 좋은 또 다른 이유로 성능 향상을 들 수 있다. 저장 프로시저를 생성하기 위해 최소한 두 가지 사항이 필요하다. 첫 번째는 저장 프로시저의 이름이고 두 번째는 저장 프로시저 내의 몸체 또는 내용이다. Hello World!를 출력하는 간단한 저장 프로시저를 작성해보자. MariaDB는 저장 프로시저 내의 문장을 실행할 때 문장 종결자(;)를 필요로 한다. 하나의 저장 프로시저와 다수의 SQL 문을 다룰 것이기 때문에 기본 문장 종결자를 $$로 변경해볼 것이다. 그러고 나서 저장 프로시저를 생성하고, 문장 종결자를 다시 기본 종결자(;)로 돌려 놓을 것이다.

```
-- Change the default delimiter
delimiter $$

create procedure p_helloWorld()
begin
        select "Hello World!";
end$$

-- Reset the delimiter
delimiter ;
```

위의 예제에서 문장 종결자를 ;에서 $$로 변경한다. 그러고 나서 CREATE PROCEDURE DDL 문을 사용하고 해당 저장 프로시저의 이름을 제공한다. 저장 프로시저의 이름 뒤에는 ()가 온다. 저장 프로시저에 매개변수가 필요한 경우, 괄호 사이에 위치한다. 매개변수 유무와 상관없이 저장 프로시저를 선언하거나 호출할 때는 괄호를 반드시 붙여야 한다.

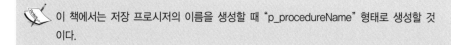 이 책에서는 저장 프로시저의 이름을 생성할 때 "p_procedureName" 형태로 생성할 것이다.

저장 프로시저의 내용은 BEGIN 문과 END 문 사이에 위치한다. BEGIN 문과 END 문은 저장 프로시저에 사용되는 SQL 문의 시작과 끝을 나타낸다. 저장 프로시저를 저장한 다음, 임시 문장 종결자($$)를 사용해 MariaDB에게 저장 프로시저 정의가 컴파일될 준비가 되었음을 알린다. 저장 프로시저가 컴파일된 다음, 문장 종결자를 다시 ;으로 변경한다. 위의 예제를 통해 저장 프로시저를 성공적으로 생성했으니,

해당 저장 프로시저를 실행해 결과를 확인해보자. 저장 프로시저를 실행하기 위해 CALL 키워드를 사용한다. CALL 키워드 뒤에 실행하고자 하는 저장 프로시저의 이름과 매개변수를 입력한다. p_helloWorld() 저장 프로시저를 호출하면 다음과 같이 Hello World!가 화면에 출력되어야 한다.

```
MariaDB [course_registry]> call p_helloWorld();
+--------------+
| Hello World! |
+--------------+
| Hello World! |
+--------------+
1 row in set (0.00 sec)

Query OK, 0 rows affected (0.00 sec)
```

위의 예제에서 볼 수 있듯이, p_helloWorld() 프로시저를 실행하면 성공적으로 Hello World!가 출력된다. MariaDB를 명령어 줄에서 사용하여 저장 프로시저를 생성하고 호출하는 것은 때때로 쉽지 않다. 따라서, 저장 프로시저를 생성하고 실행할 때 매우 주의해야 한다. 간단한 저장 프로시저를 성공적으로 생성하고 실행했으니, 약간 더 복잡한 예제를 다뤄보자. 이름과 성, 주소, 도시, 주, 우편번호, 사용자이름, 비밀번호를 입력 매개변수로 받는 저장 프로시저를 생성하자. 해당 저장 프로시저는 students 테이블에 비슷한 사용자이름을 지닌 학생이 있는지 확인해 비슷한 사용자이름이 있는 경우, 사용자에게 경고하는 기능을 포함한다. 만약 비슷한 사용자이름이 없다면 저장 프로시저에 전달된 매개변수를 사용해 새로운 학생 레코드를 생성한다.

코드는 다음 화면과 같다.

```
delimiter $$
create procedure p_insertStudents(
            IN pa_first_name varchar(60), IN pa_last_name varchar(60),
            IN pa_address varchar(255), IN pa_city varchar(40),
            IN pa_state char(2), IN pa_zip_code char(5),
            IN pa_username varchar(45), IN pa_password varchar(60)
        )
begin
        -- variable to hold the number of instances of this username
        declare ct_username int default 0;

        -- get the count and store it in ct_username
        select count(username) into ct_username from students where username=pa_username;

        -- check if username does not exist, if not, add the student
        if ct_username < 1 then
                insert into students(first_name, last_name,
                            address, city, state, zip_code,
                            username, password
                        ) values(pa_first_name, pa_last_name,
                            pa_address, pa_city,pa_state, pa_zip_code,
                            pa_username, SHA1(pa_password)
                        );
                select "Student has been successfully added!";
        else -- Alert the user
                select "username already exists!";
        end if;

end$$
delimiter ;
```

위의 저장 프로시저로부터 새로운 네 가지 개념에 대해 알아보자. 첫째, 사용자가
전달할 것으로 예상되는 입력 매개변수 정의하기, 둘째, 저장 프로시저 내에서 변
수 선언하기, 셋째, 데이터를 변수에 저장하기, 넷째, 변수의 값에 따라 조건문 사
용하기이다.

다음 화면의 코드를 살펴보자.

```
create procedure p_insertStudents(
            IN pa_first_name varchar(60), IN pa_last_name varchar(60),
            IN pa_address varchar(255), IN pa_city varchar(40),
            IN pa_state char(2), IN pa_zip_code char(5),
            IN pa_username varchar(45), IN pa_password varchar(60)
        )
```

위의 코드에서 저장 프로시저의 이름을 제공함으로써 저장 프로시저를 정의한다.
해당 저장 프로시저는 새로운 학생 레코드를 생성하는 데 사용되는 여덟 개의 입
력 매개변수를 받는다.

64

이 책에서는 입력 매개변수에 "pa_columnname" 형식을 사용한다.

다음 코드는 저장 프로시저 내에서 변수를 생성한다. DECLARE 키워드를 사용해 ct_username이라는 프로시저 변수를 생성한다. ct_username은 개수를 세는 데 사용된다. 즉 특정 사용자이름이 students 테이블에 몇 번 등장하는지 추적한다. 해당 변수가 개수를 추적하기 때문에 해당 변수를 정수형으로 선언한다. 새로운 학생이 students 테이블에 추가된다고 가정하기 때문에 ct_username의 값을 다음 화면과 같이 0으로 초기화한다.

```
-- variable to hold the number of instances of this username
declare ct_username int default 0;
```

ct_username 변수를 선언한 다음, pa_username을 통해 전달된 사용자이름이 students 테이블에서 사용된 횟수를 조회한 다음, ct_username 변수에 횟수를 저장한다.

```
-- get the count and store it in ct_username
select count(username) into ct_username from students where username=pa_username;
```

매개변수로 전달된 사용자이름의 횟수를 저장했으니, ct_username 변수에 저장된 횟수를 사용해 새로운 레코드를 생성하고 사용자에게 성공 메시지를 출력하거나, 이미 사용자이름이 존재하는 경우, 사용자에게 경고 메시지를 출력할 수도 있다. 이러한 조건 확인을 위해 IF THEN, ELSE, ENDIF 구문을 사용한다. IF 문에 조건을 전달한 다음, 조건이 참인 경우 THEN 문을 사용한다. THEN 문은 성공한 경우에 수행해야 할 내용을 담고 있다.

또한 부가적인 ELSE 블록도 있다. ELSE 블록은 IF 조건이 거짓인 경우를 처리한다.

```
-- check if username does not exist, if not, add the student
if ct_username < 1 then
        insert into students(first_name, last_name,
                        address, city, state, zip_code,
                        username, password
                ) values(pa_first_name, pa_last_name,
                        pa_address, pa_city,pa_state, pa_zip_code,
                        pa_username, SHA1(pa_password)
                );
        select "Student has been successfully added!";
else -- Alert the user
        select "username already exists!";
end if;
```

위의 코드에서 이전 단계에서 값이 할당된 ct_username 변수를 사용해 해당 사용
자이름이 이미 사용 중인지 확인한다. 반환된 횟수가 1보다 적으면(0이면), IF 블
록의 SQL 구문이 실행되고 새로운 학생 레코드가 생성된다. 반환된 횟수가 1보다
작지 않다면(1과 같거나 크다면), ELSE 블록의 SQL 문이 실행되고 메시지가 콘솔에
출력된다. 위의 저장 프로시저를 학생 정보를 담고 있는 매개변수와 함께 실행했
을 때 어떤 결과가 나오는지 살펴보자.

```
MariaDB [course_registry]> call p_insertStudents("William", "Dice",
    -> "779 Lebanon Rd.", "Frisco", "TX", "75034",
    -> "william.dice", "williamdice");
+-----------------------------------+
| Student has been successfully added! |
+-----------------------------------+
| Student has been successfully added! |
+-----------------------------------+
1 row in set (0.05 sec)

Query OK, 0 rows affected (0.05 sec)
```

위의 화면에서 볼 수 있듯이, Student has been successfully added(학생
이 성공적으로 추가되었음)라는 성공 메시지를 받는다. 동일한 명령어를 다시 실행
하면 william.dice라는 사용자가 이미 존재하기 때문에 실패할 것이다. 새로
운 레코드가 students 테이블에 추가될 때마다 자동 증가(AUTO INCREMENT) 기능이

student_id를 1씩 증가시킨다. student_id는 기본 키이다. 기존 학생이 네 명이기 때문에 William Dice의 student_id가 5가 될 것임을 알고 있다. 하지만 대량 입력을 할 때는 마지막으로 추가된 학생의 ID를 수동으로 추적하기는 매우 어렵다. MariaDB는 last_insert_id() 함수를 제공한다. last_insert_id() 함수를 사용해 마지막으로 성공적으로 추가된 ID를 조회할 수 있다. 해당 ID로 AUTO INCREMENT 속성을 지닌 열의 값이 반환된다.

 select last_insert_id();를 사용해 마지막으로 삽입된 ID를 출력할 수 있다.

마지막으로 추가된 학생의 ID를 조회하는 기능을 p_insertStudents() 저장 프로시저에 추가하려면 기존 저장 프로시저를 삭제하고, 새로운 코드를 포함하는 새로운 저장 프로시저를 생성해야 한다. MariaDB가 ALTER PROCEDURE 기능을 제공하기 때문에 저장 프로시저의 어떤 속성이든 변경할 수 있다. 하지만 저장 프로시저의 매개변수나 몸체를 변경할 수는 없다. 따라서, p_insertStudents 저장 프로시저를 삭제하고 새롭게 저장 프로시저를 생성해보자. 저장 프로시저를 삭제하려면 로그인 계정의 권한이 삭제 권한을 지니고 있어야 한다.

```
MariaDB [course_registry]> drop procedure p_insertStudents;
Query OK, 0 rows affected (0.00 sec)
```

 프로시저가 존재하지 않는 경우 에러가 발생하는 것을 방지하기 위해 drop procedure if exists p_procedureName;이라고 사용할 것을 권장한다.

이제 필요한 변경사항을 기존 p_insertStudents 프로시저에 적용해보자. 마지막 삽입된 ID의 값을 저장 프로시저로부터 전달받는 추가 매개변수가 필요하다. OUT 키워드를 매개변수 앞에 붙여서 데이터를 프로시저로부터 전달받는다고 표시할 수 있다.

```
delimiter $$
create procedure p_insertStudents(
            IN pa_first_name varchar(60), IN pa_last_name varchar(60),
            IN pa_address varchar(255), IN pa_city varchar(40),
            IN pa_state char(2), IN pa_zip_code char(5),
            IN pa_username varchar(45), IN pa_password varchar(60),
            OUT pa_student_id int
        )
begin
        -- variable to hold the number of instances of this username
        declare ct_username int default 0;

        -- get the count and store it in ct_username
        select count(username) into ct_username from students where username=pa_username;

        -- check if username does not exist, if not, add the student
        if ct_username < 1 then
                insert into students(first_name, last_name,
                                address, city, state, zip_code,
                                username, password
                        ) values(pa_first_name, pa_last_name,
                                pa_address, pa_city,pa_state, pa_zip_code,
                                pa_username, SHA1(pa_password)
                        );
                select "Student has been successfully added!";
                select last_insert_id() into pa_student_id;
        else -- Alert the user
                select "username already exists!";
        end if;

end$$
delimiter ;
```

이전 p_insertStudents 프로시저에 적용한 변경사항은 두 가지다. 두 가지 변경
사항을 주의 깊게 살펴보자.

```
create procedure p_insertStudents(
  IN pa_first_name varchar(60), IN pa_last_name varchar(60),
  IN pa_address varchar(255), IN pa_city varchar(40),
  IN pa_state char(2), IN pa_zip_code char(5),
  IN pa_username varchar(45), IN pa_password varchar(60),
  OUT pa_student_id int -- new parameter to send the id out
)
```

프로시저에 추가한 첫 번째 사항은 INT 데이터타입의 OUT 매개변수이다. 해당 매
개변수는 마지막으로 삽입된 ID를 저장 프로시저로부터 전달받는 데 사용된다.

```
-- retrieve the last inserted id store it into the OUT parameter
select last_insert_id() into pa_student_id;
```

두 번째 변경사항은 마지막으로 삽입된 ID를 out 매개변수인 pa_student_id에 저장한다는 점이다. 이제 프로시저를 생성한 다음, 해당 프로시저를 호출해보자.

```
MariaDB [course_registry]> call p_insertStudents("James", "Price",
    -> "11900 Hobby course ct.", "Austin", "TX", "78757",
    -> "james.price", "jamesprice", @student_id);
+------------------------------------+
| Student has been successfully added! |
+------------------------------------+
| Student has been successfully added! |
+------------------------------------+
1 row in set (0.01 sec)

Query OK, 1 row affected (0.01 sec)

MariaDB [course_registry]> select @student_id;
+-------------+
| @student_id |
+-------------+
|           6 |
+-------------+
1 row in set (0.00 sec)
```

out 매개변수를 다룰 때, 저장 프로시저 외부의 변수를 사용하며 데이터를 조회하기 위해 해당 외부 변수를 저장 프로시저에 전달한다. 세션 변수는 저장 프로시저 내부에서 선언된 프로시저 변수와 달리 @ 기호를 붙인다. p_insertStudents 저장 프로시저를 호출할 때 사용자에 관한 필수 정보를 전달하고 저장 프로시저로부터 학생의 ID를 조회하기 위해 @student_id 세션 변수를 사용한다. 일반적으로 세션 변수를 선언한 다음 해당 변수에 데이터타입을 할당한다. 하지만 위 예제의 경우, 세션 변수가 out 매개변수로 사용되기 때문에 데이터타입과 같은 속성은 저장 프로시저 자체에 의해 정해진다. p_insertStudents 저장 프로시저가 성공적으로 실행되면 결과 값은 @student_id 변수에 저장된다. SELECT 명령어를 실행해 세션 변수의 값을 조회할 수 있다.

저장 프로시저와 함께 사용할 수 있는 매개변수의 세 번째 타입은 INOUT 매개변수이다. INOUT 매개변수는 데이터를 저장 프로시저에 전달할 수도 있고, 데이터를 저장 프로시저 로부터 전달받을 수도 있다.

저장 루틴 활용

저장 루틴은 저장 프로시저와 비슷하다. 저장 프로시저와 저장 루틴 모두 SQL 문 블록을 포함한다. 몇 가지 다른 점이 있는데, 예를 들어 저장 루틴은 결과 집합을 반환할 수 없고 반드시 값을 반환해야 한다. 이러한 이유로 저장 프로시저를 더 선 호하는 경우가 있다. 저장 루틴은 SELECT 문을 사용해 호출할 수도 있고, 함수 형 태로 호출할 수도 있다. 우리가 앞에서 사용한 SHA1 함수는 문자열에 대한 해시를 생성하기 위한 기본 저장 루틴이다. 사용자이름이 매개변수로 전달될 때 해당 학 생의 전체 이름을 반환하는 간단한 저장 루틴을 만들어보자.

```
delimiter $$

create function fn_getFullName(pa_username varchar(45))
returns varchar(120) deterministic

begin

  declare fullname varchar(120) default "User does not exist";

  select concat(first_name, " ",last_name) into fullname
      from students where username=pa_username;

  return fullname;

end$$

delimiter ;
```

이 책에서는 저장 루틴의 이름으로 fn_functionName 형태를 사용한다.

함수를 생성하기 위해 CREATE FUNCTION DDL 명령어를 사용하며, 함수의 이름을 뒤에 붙인다. fn_getFullName 함수는 학생의 사용자이름을 매개변수로 받고, 해당 학생이 존재하는 경우 해당 학생의 전체 이름을 반환한다. fn_getFullName 함수에서 우선 FullName이라는 함수 변수를 선언한 다음, 해당 변수의 기본값을 User does not exist(사용자가 존재하지 않음)로 설정한다. 해당 메시지는 매개변수로 전달된 사용자이름을 지니는 학생 레코드가 없는 경우에 사용될 것이다. 학생 레코드가 있는 경우, 해당 학생의 이름과 성을 조회한 다음, MariaDB가 제공하는 문자열을 연결하는 기능을 하는 CONCAT 함수를 사용한다. 함수가 호출될 때, RETURN 키워드에 의해 해당 데이터가 반환된다. 자, 이제 fn_getFullName 함수를 호출해보자. 이때 students 테이블에 존재하는 사용자이름을 매개변수로 전달하자.

```
MariaDB [course_registry]> select fn_getFullName("john.doe");
+---------------------------+
| fn_getFullName("john.doe") |
+---------------------------+
| John Doe                  |
+---------------------------+
1 row in set (0.00 sec)
```

위의 예제에서 john.doe를 사용자이름 매개변수로 전달한다. john.doe는 실제 존재하는 데이터이다. 실행 시, 해당 학생의 전체 이름을 조회한다. 즉 John Doe가 조회된다. 이제, students 테이블에 존재하지 않는 사용자이름을 매개변수로 전달하여 실패 경우를 테스트해보자.

```
MariaDB [course_registry]> select fn_getFullName("john.do");
+---------------------------+
| fn_getFullName("john.do") |
+---------------------------+
| User does not exist       |
+---------------------------+
1 row in set, 1 warning (0.00 sec)
```

위의 예제에서 John Doe라는 원래 사용자이름에서 마지막 글자를 일부러 뺐다.
실행 시, User does not exist(사용자가 존재하지 않음)이라는 기본 메시지가 출력
된다. 마지막으로 저장 루틴을 삭제하는 다음 예제를 살펴보자.

```
MariaDB [course_registry]> drop function fn_getFullName;
Query OK, 0 rows affected (0.00 sec)
```

DROP FUNCTION 명령어를 사용해 저장 루틴을 삭제한다.

 함수가 존재하지 않는 경우에 에러가 나는 것을 방지하기 위해 drop function if exists fn_
functionName을 사용할 것을 권장한다.

트리거 활용

지금까지 데이터를 추가하고 갱신하고 삭제하는 여러 시나리오에 대해 살펴봤다.
데이터 추가, 갱신, 삭제는 매일 흔히 일어나는 작업들이다. 하지만 특정 이벤트를
감시하다가 해당 이벤트가 발생했을 때 다른 작업을 수행하고 싶다면 어떻게 해야
할까? 예를 들어, 특정 사용자에게 어떤 작업이 일어나는지 감시하는 감사(audit)
테이블을 만들 수도 있고, 또는 어떤 코스에 등록 가능한 학생의 수가 제한되어 있
어서 학생들이 코스에 등록할 때마다 최대 등록 가능한 학생의 수를 계속해서 차
감할 수도 있다. 우리의 경우, 어떤 사용자에게 어떤 작업이 일어나는지 추적하
기 위해 감사 테이블을 어떤 식으로 활용할 수 있는지 알아볼 것이다. MariaDB

는 TRIGGER 문을 제공한다. TRIGGER 문은 INSERT나 UPDATE, DELETE와 같은 SQL DML 연산이 일어나는 경우에 동작하는 일종의 연쇄 반응이다. 이러한 사용자에 대한 변경사항을 추적하기 위해 SQL DML 연산을 수행한 사람이 누구인지와 언제 연산을 수행했는지, 어떤 연산(INSERT, UPDATE, DELETE)을 수행했는지, 연산 대상 학생의 사용자이름이 무엇인지를 저장하는 감사 테이블을 만들어보자.

```
MariaDB [course_registry]> create table audit_students(
    ->          audit_id int not null auto_increment,
    ->          changed_by varchar(30),
    ->          changed_at datetime,
    ->          type char(1),
    ->          username varchar(45),
    ->          primary key(audit_id)
    -> );
Query OK, 0 rows affected (0.11 sec)
```

students 테이블에 발생한 모든 연산에 관한 정보를 저장하기 위해 audit_students 테이블을 사용한다. 우선, students 테이블에 대한 INSERT 연산을 추적하는 트리거를 생성하자. 성공적으로 트리거를 생성하기 위해 적어도 네 가지 정보가 필요하다. 첫째, 트리거의 이름이 필요하다. 트리거의 이름은 고유해야 한다. 둘째, 해당 트리거를 연결할 테이블이 필요하다. 셋째, 트리거를 발생시키는 연산이 무엇인지에 관한 정보가 필요하다. 넷째, 트리거가 해당 연산 이전에 발생하는지 아니면 해당 연산 이후에 발생하는지에 관한 정보가 필요하다.

```
delimiter $$

create trigger ti_students after insert on students
for each row
begin

    insert into audit_student(changed_by, changed_at, type, username)
        values(USER(), NOW(), "I",NEW.username);

end$$

delimiter ;
```

이 책에서는 삽입 시 발생하는 트리거의 이름으로 ti_triggerName 형태를 사용한다.

트리거를 생성하기 위해 CREATE TRIGGER DDL 문을 사용하고 CREATE TRIGGER 명령어 뒤에 트리거의 이름이 온다. 트리거의 이름을 부여한 다음, 트리거가 언제 발생하는지를 지정한다. students 테이블에 AFTER INSERT가 설정되었다. 다음 줄에서 트리거가 얼마나 자주 발생해야 하는지 설정한다. 다음과 같이 매 행 발생하도록 설정했다.

```
create trigger ti_students after insert on students
for each row
```

그러고 나서 트리거의 몸체가 온다. 해당 연산(INSERT 연산)을 수행한 SQL 사용자와 연산이 발생한 시간, 연산의 종류, 어떤 학생에 대해 연산을 수행했는지를 추적한다. 저장 프로시저와 저장 루틴과 마찬가지로, 트리거의 몸체는 BEGIN 문과 END 문 사이에 온다.

```
begin
    insert into audit_students(changed_by, changed_at, type, username)
        values(USER(), NOW(), "I",NEW.username);
end$$
```

트리거의 몸체 내에서 해당 연산에 대한 정보를 저장하는 INSERT 문을 실행하여 audit_students 테이블에 해당 정보를 저장한다. changed_by 열은 해당 연산을 수행한 SQL 사용자를 추적한다. MariaDB 시스템에 로그인 가능한 사용자가 여러 명 있을 수 있고, 각자의 접근 권한에 따라 다른 연산을 수행할 수 있다. MariaDB는 현재 연산을 수행 중인 사람을 조회할 수 있는 USER() 함수를 제공한다. USER() 함수가 어떤 식으로 사용되는지 간단하게 살펴보자.

```
MariaDB [course_registry]> select user();
+----------------+
| user()         |
+----------------+
| root@localhost |
+----------------+
1 row in set (0.00 sec)
```

이제 어떤 SQL 사용자가 해당 연산을 수행 중인지 알 수 있기 때문에, 해당 연산
이 발생한 시간을 조회하는 기능이 필요하다. changed_at 열은 연산이 수행된 시
간을 추적하며, MariaDB가 제공하는 NOW() 함수를 사용해 연산이 발생한 시간을
조회할 수 있다.

```
MariaDB [course_registry]> select now();
+---------------------+
| now()               |
+---------------------+
| 2014-02-01 00:48:43 |
+---------------------+
1 row in set (0.00 sec)
```

이제 사용자와 연산 발생 시간을 알 수 있다. 글자 I를 사용해 발생한 연산이
INSERT 연산임을 표시해보자. MariaDB는 OLD라는 별칭에 예전 또는 현재 데이터
의 복사본을 저장하고, NEW라는 별칭에 새로운 데이터를 저장한다. NEW는 방금 추
가된 학생 레코드를 지닌다. NEW의 데이터를 얻기 위해 점(.) 표기법을 사용할 수
있다. 따라서 "NEW.열이름"이 될 것이다.

 수행한 연산의 종류를 나타내기 위해 한 글자 축약어를 사용할 것이다. 예를 들어, I는 삽
입(INSERT)을 나타내고, U는 갱신(UPDATE)을 나타내고, D는 삭제(DELETE)를 나타낸다.

트리거를 성공적으로 생성했으니, students 테이블에 레코드를 삽입하여 트리거
가 동작하는지 테스트해보자.

```
MariaDB [course_registry]> select * from audit_students;
Empty set (0.00 sec)

MariaDB [course_registry]> insert into students(first_name, last_name, address,
city, state, zip_code, username, password) values("Robert","Senna","123 E. 10th
St","Omaha", "NE", "68107", "robert.senna", SHA1("robertsenna"));
Query OK, 1 row affected, 2 warnings (0.06 sec)

MariaDB [course_registry]> select * from audit_students;
+----------+---------------+---------------------+------+--------------+
| audit_id | changed_by    | changed_at          | type | username     |
+----------+---------------+---------------------+------+--------------+
|        1 | root@localhost | 2014-05-18 00:59:21 | I    | robert.senna |
+----------+---------------+---------------------+------+--------------+
1 row in set (0.00 sec)
```

audit_students 테이블이 비었는지를 먼저 테스트한 다음, INSERT 문을 사용해
robert.senna라는 사용자이름을 지닌 새로운 학생 레코드를 추가한다. INSERT
문이 성공적으로 실행된 다음, audit_students 테이블을 조회하여 INSERT 이후
에 트리거가 실행됐는지 확인한다. audit_students 테이블을 조회하면 roberta.
senna라는 사용자가 students 테이블에 추가된 이후에 audit_students 테이블
에 레코드가 추가됐음을 확인할 수 있다. 이제 students 테이블에 UPDATE 문이
실행됐을 때 트리거가 발생되도록 해보자.

```
delimiter $$

create trigger tu_students after update on students
for each row
begin

    insert into audit_student(changed_by, changed_at, type, username)
        values(USER(), NOW(), "U",NEW.username);

end$$

delimiter ;
```

이 책에서는 갱신 시 발생하는 트리거의 이름에 tu_triggerName 형태를 사용한다.

위의 예제에서 볼 수 있듯이, 갱신 시 발생하는 트리거는 삽입 시 발생하는 트리거와 비슷하다. 우선 CREATE TRIGGER DDL 문을 사용한다. 그리고 students 테이블에 갱신이 성공적으로 수행된 경우에 해당 트리거가 실행되도록 설정한다. 해당트리거는 앞에서 살펴본 삽입 트리거와 동일한 쿼리를 포함한다. 삽입 트리거와마찬가지로 갱신 쿼리를 실행한 사용자이름만을 저장하기 때문이다.

 전체 레코드 정보를 저장할 것을 권장한다. 해당 갱신이 수행된 정확한 열을 식별하는 것이 어렵기 때문이다.

갱신 트리거가 성공적으로 생성된 경우, students 테이블을 갱신하여 갱신 시 해당 트리거가 발생하는지 살펴보자.

```
MariaDB [course_registry]> update students set address="123 E 10th St."
    -> where first_name = "Robert";
Query OK, 1 row affected, 2 warnings (0.11 sec)
Rows matched: 1  Changed: 1  Warnings: 2

MariaDB [course_registry]> select * from audit_students;
+----------+----------------+---------------------+------+--------------+
| audit_id | changed_by     | changed_at          | type | username     |
+----------+----------------+---------------------+------+--------------+
|        1 | root@localhost | 2014-02-01 01:24:53 | I    | robert.senna |
|        2 | root@localhost | 2014-02-01 01:27:33 | U    | robert.senna |
+----------+----------------+---------------------+------+--------------+
2 rows in set (0.00 sec)
```

위의 예제에서 first_name 열에 Robert라는 값이 저장된 레코드를 갱신한다. first_name 열에 Robert가 저장된 레코드는 하나뿐이기 때문에 하나의 레코드만 갱신된다. Robert의 주소를 업데이트한 다음, audit_students 테이블을 조회하면 두 번째 레코드가 해당 갱신 연산을 수행한 사용자의 정보를 담고 있음을 알 수 있다. 언제 해당 갱신이 일어났으며 어떤 레코드에 갱신이 일어났는지에 관한 정보를 담고 있다.

 WHERE 조건을 사용할 때는 인덱스를 지닌 열과 함께 사용할 것을 권장한다. 우리의 경우, 기본 키인 student_id를 사용하거나 고유 인덱스를 지닌 username을 사용하는 것이 좋다. 위의 예제에서 first_name 열은 설명 목적으로 사용되었음을 알아두자. 이름이 Robert인 학생이 여러 명인 경우 갱신이 여러 번 일어날 수 있기 때문이다.

이제 학생 레코드 삭제 시 발생하는 트리거 예제를 살펴볼 차례다.

```
delimiter $$

create trigger td_students before delete on students
for each row
begin

    insert into audit_students(changed_by, changed_at, type, username)
        values(USER(), NOW(), "D",OLD.username);

end$$

delimiter ;
```

 이 책에서는 삭제 시 발생하는 트리거의 이름에 td_triggerName 형태를 사용한다.

위의 예제에서 학생 레코드가 삭제되기 전에 발생하는 트리거를 생성한다. 삭제 트리거는 이전에 살펴본 트리거들과 비슷하다. 큰 차이점은 학생 레코드가 삭제될 때 발생한다는 점이다. 또한, 삭제를 나타내기 위해 문자 D를 저장한다. 학생 레코드가 삭제된 이후에는 존재하지 않기 때문에 해당 학생에 대한 정보를 얻기 위해 NEW 별칭은 대신에 OLD 별칭을 사용한다.

UPDATE 문 실행 시 발생하는 트리거는 NEW 별칭이 가리키는 테이블과 OLD 별칭이 가리키는 테이블 모두를 채운다.

삭제 트리거를 성공적으로 생성한 경우, `students` 테이블의 레코드를 삭제하여 삭제 시 해당 트리거가 발생하는지 확인해보자.

```
MariaDB [course_registry]> delete from students where first_name="Robert";
Query OK, 1 row affected, 2 warnings (0.04 sec)

MariaDB [course_registry]> select * from audit_students;
+----------+----------------+---------------------+------+--------------+
| audit_id | changed_by     | changed_at          | type | username     |
+----------+----------------+---------------------+------+--------------+
|        1 | root@localhost | 2014-02-01 01:24:53 | I    | robert.senna |
|        2 | root@localhost | 2014-02-01 01:27:33 | U    | robert.senna |
|        3 | root@localhost | 2014-02-01 01:30:00 | D    | robert.senna |
+----------+----------------+---------------------+------+--------------+
3 rows in set (0.00 sec)
```

위의 예제에서 first_name이 Robert인 학생 레코드를 삭제한다. 해당 레코드를 성공적으로 삭제한 다음, audit_students 테이블을 조회한다. 세 번째 레코드가 추가되었고 해당 레코드의 type 필드에 저장된 값이 레코드의 삭제를 의미하는 D임을 확인할 수 있다. 또한 삭제된 레코드가 robert.senna라는 사용자이름을 지녔음을 알 수 있다. 마지막으로 살펴볼 예제는 트리거를 삭제하는 방법이다. DROP TRIGGER DDL 명령어를 사용해 트리거를 삭제할 수 있다.

```
MariaDB [course_registry]> drop trigger td_students;
Query OK, 0 rows affected (0.06 sec)
```

요약

2장에서 테이블 변경, 인덱스 및 열 속성 활용, 저장 프로시저 활용, 저장 루틴 활용, 트리거 활용과 같은 많은 고급 개념에 대해 알아봤다. MariaDB는 이외에도 많은 고급 개념을 제공하며 2장에서 다룬 고급 개념은 고급 데이터베이스 개념을 이해하는 데 필요한 토대를 다지는 데 도움이 되었을 것이다. 이제 MariaDB의 일부 고급 개념을 알아봤으니, 학습 방향을 바꿔서 객체지향 프로그래밍이라고 불리는 인기 있는 프로그래밍 패러다임을 이해하고, 객체지향 개념이 PHP 5에서 어떻게 구현됐는지 이해할 차례다.

3
PHP 고급 프로그래밍

PHP 5의 가장 널리 알려진 마이너 버전 중 지난 수년간 가장 널리 알려진 버전은 PHP 5.3이다. 가장 많은 사람들이 PHP 5.3을 사용했으며, 지금 현재도 사용 중이다. PHP 5.3 이후에, PHP 5.4와 PHP 5.5 두 개의 마이너 버전이 출시됐다. 여전히 많은 호스팅 업체가 PHP 5.3을 제공하고 있지만 일부 호스팅 업체는 PHP 버전을 PHP 5.4로 업데이트했다. 호스팅 업체를 사용 중이 아니라면, 현재 버전인 PHP 5.5를 사용해도 좋다. PHP 5.2와 PHP 5.3의 기능에 관한 책과 인터넷 자료는 넘쳐 난다. 반면, PHP 5.4와 PHP 5.5에 대한 자료는 매우 적다. 3장에서는 PHP 5.4와 PHP 5.5에 포함된 새로운 기능에 대해 알아볼 것이다.

 PHP 객체지향 프로그래밍에 관한 더 많은 정보를 알고 싶다면 부록 B, "PHP 객체지향 프로그래밍"을 참고하자.

PHP 5.4와 PHP 5.5에 포함된 새로운 기능

PHP 5.4와 PHP 5.5에 새로운 기능이 많이 추가됐다. 이러한 새로운 기능의 대부분은 원래는 PHP 6.0에 포함될 것들이었다. PHP 6.0은 PHP가 유니코드UNICODE를 지원하도록 수정하는 작업이 예상대로 진행되지 않아 연기되었다. 유니코드는 전 세계의 대부분 언어를 지원하는 표준 문자 인코딩 집합이다. 반면에, 아스키ASCII는 라틴Latin 알파벳만을 지원한다. 유니코드를 지원하기 위한 수정 작업 중 개발자들이 겪은 주요 어려운 점 중 하나는 유니코드를 지원하면 스크립트를 실행하는 데 거의 두 배의 런타임 메모리를 잡아먹는다는 점이다. PHP 5.4와 5.5에 추가된 새로운 기능은 업로드 진행상황 모니터 기능, 배열에 대한 개선, 내장 웹서버, 패스워드 해싱hashing API, 제너레이터generators, 부분 유니코드 지원, 클로저closure 개선, 강력한 트레이트trait 등이 있다. 또한 PHP 5.4와 5.5는 스크립트 실행 시 더 빠르고 메모리를 적게 사용한다.

개선된 배열 선언

PHP 5.4에서 줄임 배열 문법이 추가돼서 이제 배열을 선언할 때 대괄호를 사용할 수 있다. 이전에는 배열을 선언하고 배열에 원소를 추가하기 위해 `array()` 구문을 사용해야만 했다.

다음은 array-declaration.php의 코드다. array-declaration.php는 이 책에서 제공하는 코드 모음 중 하나다.

```php
<?php

/**
 * PHP 5.4 이전의 배열 선언
 *
 */

$arr = array(1,2,3,4);

// 화면에 원소 출력
echo $arr[0]."\n";
```

```
/**
 * PHP 5.4 또는 더 높은 버전에서의 배열 선언
 *
 */


$arr2 = [1,2,3,4];

// 화면에 원소 출력
echo $arr2[0]."\n";

?>
```

위의 예제의 첫 부분에서 PHP 5.4 이전에는 배열을 어떤 식으로 선언했는지 알 수 있다. array() 구문을 사용해 배열 원소를 매개변수로 제공한다. 위의 예제의 두 번째 부분에서는 배열을 생성하기 위해 PHP 5.4에 추가된 기능인 대괄호(또는 줄임 구문)를 사용한다. 다른 스크립트 언어는 이러한 구문을 예전부터 지원했다. 따라서, 이러한 구문의 추가는 PHP 입장에서 매우 반가운 소식이다. 위 스크립트를 실행한 다음 결과를 살펴보자.

실행 결과는 다음과 같다.

```
1
1
```

위의 예제의 첫 부분과 두 번째 부분 모두 배열의 첫 번째 원소를 출력한다. PHP 5.3을 사용하는 경우, 위 스크립트를 실행하면 파싱 엔진이 대괄호를 만나는 순간 파싱 에러를 출력할 것이다.

배열 역참조

배열 역참조 기능이 PHP 5.4에서 추가되었다. 배열 역참조 기능을 활용하여 배열로부터 값을 얻어보자. PHP 5.4 이전에는 배열의 원소에 접근하려면 함수로부터 반환된 배열을 지역변수에 저장해야만 했다. 다음 코드는 이 책의 코드 모음에 포함된 array-dereferencing.php이다.

```php
<?php

/**
* 숫자 배열 반환
*
*/

function retArray(){

    return ['a', 'b', 'c', 'd'];

}


/*
* PHP 5.4 이전
* 데이터를 변수에 할당
*
*/

$arr = retArray();
echo $arr[0]."\n";

/*
* PHP 5.4 이상
* 직접 참조 가능
*
*/

echo retArray()[0]."\n";

?>
```

위의 예제에서 우선 retArray() 함수를 정의한다. 이 함수는 호출 시 문자 배열을 반환한다. 예제의 첫 번째 부분은 PHP 5.4 이전에는 어떤 식으로 첫 번째 배열 원소를 구했는지 보여준다. 예제의 두 번째 부분에서 함수에 대한 배열 역참조 추가로 인해 한 번에 직접 배열의 값을 구할 수 있음을 볼 수 있다. 위 스크립트를 실행한 다음 결과를 살펴보자.

실행 결과는 다음과 같다.

```
a
a
```

foreach 문에서 list() 함수 사용

배열 원소에 대해 루프를 도는 가장 일반적인 구문은 foreach 문이다. PHP 5.5 이전에는 루프에서 배열 원소에 접근하기 위해서는 수동으로 원소의 인덱스를 참조해야만 했다. PHP 5.5에 추가된 흥미로운 기능 중 하나는 list() 함수를 사용해 루프 내의 배열을 지역변수로 쪼갤 수 있다는 점이다. foreach 문에서 list() 함수를 어떤 식으로 사용하는지 살펴보기 전에, list() 함수가 동작하는 방식을 간단히 살펴보자.

다음 코드는 코드 모음에 포함된 list.php 파일이다.

```php
<?php
/*
 * list()가 동작하는 방식에 대한 설명
 *
 */

list($one, $two, $three) = [1, 2, 3];
echo $one.' '.$two.' '.$three."\n";

?>
```

list() 함수는 하나의 연산을 통해 변수 목록을 할당하는 데 사용한다. 위의 예제에서 list() 함수를 사용해 숫자 배열을 변수에 할당한다. 그리고 나서 해당 변수를 화면에 출력한다.

코드 실행 결과는 다음과 같다.

```
1 2 3
```

list() 구문은 PHP 4부터 존재했다. PHP 5.5에서는 이를 foreach 구문에서 사용할 수 있다.

다음 코드는 코드 모음에 포함된 foreachlist.php이다.

```php
<?php
/**
 * 학생 목록
 */
$students = [
        [
                "John",
                "Doe",
                 101
        ],
        [
                "Jane",
                "Dane",
                 102
        ],
    ];

// list()를 사용하지 않고 학생 데이터 출력
foreach($students as $student){

        echo $student[0].' '.$student[1].' '.$student[2]."\n";
}

// list()를 사용해 학생 데이터 출력
foreach($students as list($first_name, $last_name, $student_id)){

        echo $first_name.' '.$last_name.' '.$student_id."\n";

}

?>
```

위의 예제에서 우선 학생 목록을 생성한다. 각 학생은 이름, 성, 나이 등과 같은 속성의 모음이다. 우선은 list() 구문을 사용하지 않고 인덱스를 통해 각 학생에 대한 원소에 접근한다. PHP 5.5의 경우, foreach 구문에서 list() 구문을 사용해 원소 값을 임시 변수에 바로 할당할 수 있다. 위 스크립트를 실행하면 list()를 사용하든 사용하지 않든 결과는 같다. 가장 큰 차이는 list() 구문을 사용한 코드의 경우 코드가 읽기가 쉽다. list() 구문을 사용한 코드의 경우 인덱스 대신 변수 이름을 볼 수 있기 때문이다. 위 코드를 실행한 다음 결과를 살펴보자.

실행 결과는 다음과 같다.

```
John Doe 101
Jane Dane 102
John Doe 101
Jane Dane 102
```

예상대로 두 코드의 결과는 같다.

클로저에서 $this 사용 가능

PHP 5.4 이전에는 클래스에서 클로저가 선언된 경우, 클로저는 이름이 없는 함수로 간주되어 주변 속성과 메소드에 대해 접근할 수 없었다. PHP 5.4의 경우, 이러한 이름이 없는 함수도 $this 인스턴스 변수를 통해 주변 속성과 메소드에 접근할 수 있다.

다음 코드는 코드 모음의 closures.php이다.

```php
<?php
/*
* Student class
*
*/
class Student{
    private $name = "John Doe";

    function getName(){
        return function(){

            // PHP 5.4 이전 버전의 경우
            // $this는 클로저 안에서 사용 불가
            return $this->name;
        };
    }
}
```

```php
$student = new Student();
$name = $student->getName();

echo $name()."\n";

?>
```

위 예제에서 $name 속성의 값을 반환하기 위해 클로저를 생성한다. PHP 5.4 이전의 경우, 클로저는 존재했지만 $this 인스턴스 변수에 접근할 수 없었다. 위 스크립트를 실행한 다음 결과를 살펴보자.

실행 결과는 다음과 같다.

```
John Doe
```

인스턴스 생성 시 클래스 멤버 접근

다음으로 살펴볼 기능은 인스턴스 생성 시 클래스의 멤버를 접근할 수 있는 기능이다. 이번 예제에서는 range(), rand(), min(), max() 함수를 사용할 것이다. range() 함수는 매개변수로 최소 두 개의 값을 받아서 해당 값 사이에 있는 값들을 원소로 하는 배열을 반환한다. rand() 함수는 최소값과 최대값을 매개변수로 전달한 경우, 해당 값 사이의 임의의 값을 반환한다. min() 함수와 max() 함수는 배열에서 최소값과 최대값을 반환한다.

다음 코드는 코드 모음의 classMemberAccess.php이다.

```php
<?php
/*
* Students 클래스
*
*/
class Students{
    private $studentIds;

    function __construct(){

        $this->studentIds = range(1, 500);
```

```
    }

    function getRandomStudent(){

        return rand(min($this->studentIds),
            max($this->studentIds));

    }
}

// PHP 5.4 이전
$student = new Students();
echo $student->getRandomStudent()."\n";

// PHP 5.4 이상
echo (new Students())->getRandomStudent()."\n";

?>
```

이 예제는 Students 클래스를 생성한다. Students 클래스에는 모든 학생의 ID를 저장하는 $studentIds 속성이 있다. 이 예제의 경우, range() 함수를 사용해 $studentIds 속성의 값을 채운다. 위의 예제의 목적은 임의의 학생을 얻어서 해당 학생의 ID를 출력하는 것이다. 임의의 학생의 ID를 얻기 위해 getRandomStudent() 메소드를 사용한다.

 이 예제를 확장하여 뽑힌 학생의 ID를 기준으로 다른 질문지를 할당하는 코드를 만들 수 있다. 이는 이 책에서 다루지는 않지만 한 번 시도해보길 바란다.

코드의 첫 부분에서 Students 클래스의 인스턴스를 생성한 다음, 해당 인스턴스를 지역변수에 할당한다. 그 이후에 getRandomStudent() 메소드를 호출하기 위해 해당 지역변수(Students 클래스의 객체)를 사용한다. 코드의 뒤 부분에서는 인스턴스를 생성한 다음 getRandomStudent() 메소드를 호출하기 위해 해당 인스턴스를 바로 사용한다. PHP 5.4 이전에는 이는 두 단계로만 가능했다. 인스턴스를 생성한 다음, 해당 인스턴스를 지역변수에 할당하고, 해당 지역변수를 사용해 메소드를 호출해야 한다. 하지만 PHP 5.4의 경우 한 단계로 메소드를 호출할 수 있다.

위 코드의 실행 결과는 다음과 같다.

```
332
224
```

rand() 함수를 사용해 학생의 ID를 생성했기 때문에 실행 결과에 표시된 ID는 동일하지 않다.

제너레이터

제너레이터generator는 배열을 반환하는 함수와 매우 비슷하다. 이름에서 알 수 있듯이 다른 점은 제너레이터는 일련의 값을 생성 및 반환한다는 점이다. PHP에서 객체에 대한 반복 접근을 위해 Iterator 인터페이스를 사용해야 한다. 이는 때때로 귀찮은 작업이다. 제너레이터는 이미 Iterator 인터페이스를 구현해 놨기 때문에 이터레이터iterator를 생성하는 귀찮음을 덜어 준다. 배열을 반환하는 함수와 제너레이터 간의 첫 번째 차이점은 제너레이터는 yield 키워드를 사용한다는 점이다.

다음 코드는 코드 모음의 student-generator.php 파일이다.

```php
<?php

/*
* 제너레이터 - 한 번에 학생 한 명씩 생성한다.
*/
function students(){
    yield "John Doe";
    yield "Jane Dane";
    yield "Richard Roe";
}
```

```
foreach(students() as $student){

    echo $student."\n";
}

?>
```

이 예제에서 student() 제너레이터를 통해 3명의 학생을 생성한다. 뒤에서 우리는 foreach 구문을 통해 제너레이터를 실행하여 한 번에 한 학생씩 접근할 것이다. 함수를 통해 데이터를 반환하는 것과 제너레이터를 사용해 데이터를 생성 및 반환하는 것 사이의 차이점은 제너레이터는 상태를 유지해서 다음 번에 제너레이터 호출 시 다음 값을 생성 및 반환한다는 점이다. 이러한 동작 방식은 함수가 동작하는 방식과 다르다. 함수는 다음 번에 호출 시 전체 배열을 반환하기 때문이다. 위 스크립트를 실행한 다음 결과를 살펴보자.

실행 결과는 다음과 같다.

```
John Doe
Jane Dane
Richard Roe
```

실행 시 스크립트는 화면에 각 학생의 이름을 출력한다. 결과는 return 문을 사용하는 것과 비슷하다. 제너레이터는 대규모 데이터를 처리할 때 주로 사용된다. 100만 줄 이상의 데이터를 지닌 파일에 연산을 하는 경우가 제너레이터를 사용하기 좋은 경우다. 이렇게 많은 양의 데이터를 처리하는 경우, 메모리에 해당 파일을 저장하기 위해 많은 메모리가 사용된다. 뿐만 아니라 배열을 사용한다면 해당 데이터를 배열에 담기 위해서도 많은 메모리가 필요할 것이다. PHP 배열은 정렬된 해시맵HashMap이기 때문에 매우 많은 컴퓨터 자원을 필요로 한다(정렬된 해시맵은 데이터에 실시간 접근을 제공한다). 정렬된 해시맵은 연관 배열associative array이기 때문에 내부적으로 RAM에 데이터를 저장한다. 파일 연산을 처리하기 위해 제너레이터를 구현한 예제를 살펴보자.

다음 예제는 데모를 위한 용도로 만들어졌기 때문에 800MB 이상의 파일을 사용하는 것은 불가능하다.

다음 코드는 코드 모음의 file-reader.php이다.

```php
<?php

function fileData($fileName) {
    $file = fopen($fileName, 'r');

    while (($line = fgets($file)) !== false) {
        yield $line;
    }

    fclose($file);
}

foreach (fileData('bigData.csv') as $line) {
// 파일 연산
}

?>
```

위의 예제에서 대용량 파일로부터 데이터를 반환하기 위해 제너레이트를 생성한다. 그리고 나서 한 번에 한 줄씩 접근한다. 제너레이터를 사용하면 메모리를 아낄 뿐 아니라 데이터 크기가 점점 커지더라도 다른 방법에 비해 실행 시간이 훨씬 짧다.

트레이트

부록 B, "PHP 객체지향 프로그래밍"에서 PHP에서의 객체지향 개념에 대해 알아보고, 하나의 클래스의 기능이 다른 클래스에 어떤 식으로 확장될 수 있는지와 공통 기능이 다른 하위 클래스 간에 어떤 식으로 공유될 수 있는지를 이해하기 위해 상속에 대해 살펴본다. 한 번에 하나 이상의 소스 코드로부터 특정 기능을 사용하는 일을 편리하게 해주는 PHP 5.4의 트레이트trait라는 새로운 개념에 대해 알아볼 것이다. PHP 5.4 이전에는 이러한 작업을 수행하기 위해 해당 코드(기능)를 여러 클래스에 복사해야 했다. 그 결과 해당 클래스는 다루기 매우 까다로워진다. 이를 주로 수평 상속horizontal inheritance이라고 부른다. 트레이트를 선언하기 위해 trait 키워드를 사용해야 하고 trait 키워드 뒤에 해당 트레이트 이름이 와야 한다. 해당 트레이트에 대한 기능은 트레이트 이름 뒤에 중괄호 내에 위치한다.

다음 코드는 코드 모음의 trait.php이다.

```php
<?php

class BaseClass{

    public function helloWorld(){

        echo "Hello World from Base Class \n";

    }

}

trait MyTrait{

    public function helloWorldFromTrait(){

        echo "Hello World from Trait\n";

    }

}

class SubClass extends BaseClass{

    use MyTrait;

}

$obj = new SubClass();
$obj->helloWorld();
```

```
$obj->helloWorldFromTrait();

?>
```

위의 예제는 두 개의 클래스와 하나의 트레이트를 포함한다. 하위 클래스인 SubClass는 기반 클래스의 기능을 상속했다. 하위 클래스가 자신의 기반 클래스 외에 다른 개체의 기능을 사용하고 싶다면, 해당 기능을 트레이트에 포함시켜 하위 클래스가 해당 트레이트를 사용하게 할 수 있다. 트레이트에 포함된 기능을 사용하려면 use 키워드를 사용해야 한다. 위 스크립트를 실행한 다음 결과를 살펴보자.

실행 결과는 다음과 같다.

```
Hello World from Base Class
Hello World from Trait
```

다수의 트레이트를 사용하려면 콤마를 구분자로 사용해 하나의 클래스에 하나 이상의 트레이트를 추가할 수 있다.

다음 예제를 살펴보자.

```
class SubClass extends BaseClass{

    use Trait1, Trait2, Trait3;

}
```

 위 코드는 실제 실행 가능한 코드가 아닌 단지 데모용이다.

트레이트는 매우 강력한 기능으로, 코드의 재사용성을 높여 주며 코드를 좀 더 객체지향적으로 만들어 준다. 자신(트레이트)을 사용하는 모든 클래스를 싱글톤 singleton으로 변환하는 싱글톤 트레이트를 만들어볼 수도 있다. 트레이트를 활용할 수 있는 수많은 방법을 고려할 때 트레이트는 PHP 5.4에 추가된 기능 중 매우 유용한 기능임이 분명하다.

예외 처리 시 finally 블록 추가

이번 절에서는 예외 처리와 PHP 5.5에서 추가된 `finally` 블록에 대해 간단히 알아본다. 예외 처리는 특정 조건 발생 시 실행 흐름을 변경하는 데 주로 사용된다. 예외는 다양한 이벤트 발생 시 일어날 수 있다. 예를 들어, 파일이 현재 사용 불가이거나 데이터베이스 연결이 잘못됐거나 단순히 코드를 잘못 작성했을 때도 발생할 수 있다. 예외 처리 전략을 통해 발생 가능성이 있는 모든 예외를 예상하고 이러한 예외를 깔끔한 방식으로 처리할 수 있다. PHP에서는 예외는 코드가 실행되는 동안 발생하며 이러한 예외를 감지(catch)하기 위해서는 `try` 블록을 사용한 다음 `try` 블록 내에 해당 에러를 처리하는 코드를 추가해야 한다. 해당 예외가 감지되지도 않고 처리되지도 않는다면 치명적인 에러가 발생해 스크립트 실행이 멈출 것이다.

다음 코드는 코드 모음의 exceptionHandling.php이다.

```php
<?php

function divide($a, $b){

    try{
        if($b ==0){

            throw new Exception("Divide by Zero Exception");

        }

        return $a/$b;
    }
    catch(Exception $ex){

        // 예외를 로그로 남기는 것이 좋다.
        return $ex->getMessage();
    }
}

echo divide(4,0)."\n";

?>
```

위의 예제에서 두 개의 정수를 매개변수로 받는 divide() 함수를 정의하고 Divide By Zero 예외를 재생성한다. 나누기를 수행하는 코드를 try 블록 내에 위치시킨다. 또한 분모로 사용되는 두 번째 매개변수의 값이 0인지 확인한다. 만약 두 번째 매개변수의 값이 0인 경우(조건이 맞은 경우), 새로운 예외를 던지고 메시지를 전달한다. try 블록 바로 다음에 위치한 catch 블록은 해당 예외를 받아서 예외 메시지를 반환한다.

위 코드의 실행 결과는 다음과 같다.

```
Divide by Zero Exception
```

지금까지는 예외를 던지거나 예외를 받을 수만 있었다. 하지만 PHP 5.5부터는 finally 블록을 사용해 마무리 연산을 수행할 수 있다. finally 블록은 try 블록과 catch 블록이 실행된 다음 실행된다. 이러한 예로는 try 블록 내에서 생성된 파일 리소스 링크를 finally 블록에서 생성하거나, 데이터베이스 테이블을 잠근 경우 해당 테이블의 잠금을 해제하거나, 데이터베이스 연결을 연 경우, 해당 연결을 닫는 경우가 있다.

다음 코드는 코드 모음의 exceptionHandlingWithFinally.php이다.

```php
<?php

function divide($a, $b){

    try{
        if($b ==0){
            throw new Exception("Divide by Zero Exception");
        }

        echo $a/$b."\n";
    }
    catch(Exception $ex){
        // 예외를 로그로 남기는 것이 좋다.
        echo $ex->getMessage()."\n";
    }
    finally{
        // 깔끔한 마무리 동작 수행
```

```
        echo "executed after try & catch \n";
    }
}

divide(4,0);

?>
```

필요한 정리 작업을 수행할 수 있는 finally 블록을 앞에서 살펴본 예제에 계속해서 추가한다.

위 코드의 실행 결과는 다음과 같다.

```
Divide by Zero Exception
executed after try & catch
```

예외 처리의 목적은 애플리케이션이 갑자기 죽거나 에러를 던지는 경우 없이 동작하도록 하기 위함이다. 처음부터 애플리케이션이 갑자기 죽는 일 없이 잘 수행되도록 만드는 것이 이상적이긴 하지만 예외 처리를 통해 최대한 애플리케이션이 갑자기 죽는 일이 없게 만들 수 있다. 모든 애플리케이션은 다음과 같은 조건을 기반으로 동작한다. 사용자가 예상대로 애플리케이션을 사용하는 한 애플리케이션은 예상대로 동작할 것이다. 하지만 사용자가 예상치 못한 방식으로 애플리케이션을 사용한다면 PHP 엔진은 예상치 못한 반응을 전송할 것이다. 예외 처리는 우리가 이러한 예상치 못한 반응을 깔끔하게 처리할 수 있도록 도와준다. 좋은 프로그래머라면 이러한 예상치 못한 경우를 예상하거나 밝혀낼 수 있어야 한다.

단위 테스트

이제 예외 처리가 무엇인지 이해했다. 따라서 단위 테스트unit testing라는 개념에 대해 알아볼 필요가 있다. 단위 테스트라는 이름에서 알 수 있듯이, 단위 테스트는 애플리케이션을 한 번에 한 단위(유닛)씩 테스트하는 것을 의미한다. 단위라는 말이 정확히 어느 정도를 나타내는지 모호하다. 하지만 가장 추천되는 방식은 프로그램 코드를 실행 가능한 최소 독립 단위로 나눠서 해당 단위를 테스트하는 것이다. 이번 절에서는 자동 단위 테스트에 대해 간단히 살펴볼 것이다. 자동 단위 테스트는 애플리케이션의 크기가 점점 커짐에 따라 각 기능을 테스트하는 과정이 점점 쉬워진다. 학생 포털을 예로 들어보자. 개발 팀이 우선 학생을 추가할 수 있는 간단한 포털을 만들 것이다. 학생 추가가 가능한 포털을 사용자에게 제공하면 해당 포털의 사용자는 추가한 학생의 정보를 확인할 수 있는 인터페이스가 필요할 것이다. 개발 팀이 이러한 인터페이스를 제공하면 사용자들은 더 많은 기능을 요구할 것이다. 이러한 기능들을 계속 추가함에 따라 테스트해야 할 기능은 증가할 것이고, 때때로 어떤 기능을 지원하기 위해 추가된 코드가 다른 기능을 지원하는 코드와 문제를 일으킬 수도 있다. 대개 이러한 문제는 회귀 테스트regression testing를 통해 밝혀내며, 자동 단위 테스트는 개발자들이 한 군데의 코드 수정이 어떤 코드에서 문제를 일으키는지 이해하고 예상하는 데 도움이 된다. 우리는 PHPUnit 테스트 프레임워크를 사용할 것이다. PHPUnit 테스트 프레임워크는 xUnit 단위 테스트 프레임워크 아키텍처의 구현물 중 하나다.

PHPUnit 설치

PHPUnit을 설치하는 과정은 꽤 간단하다. 책을 쓰고 있는 현 시점에 PHPUnit의 안정적인 버전은 3.7이다. 우리는 실습을 위해, PHPUnit 3.7을 설치할 것이다. 우리는 PHPUnit 라이브러리를 다운로드하고 설치하기 위해 PEARPHP Extension and Application Repository를 사용할 것이기 때문에 설치 명령어는 운영체제에 상관없이 동일할 것이다. PEAR는 공통 코드 패키지를 유지하는 데 사용되는 분산 코드 저장소이다. 따라서 각 개발자와 개발 팀은 pear 명령어를 사용해 공통 코드 패키지를 자신의 로컬 환경에 설치할 수 있다.

 이러한 명령어는 리눅스나 맥 OS X 운영체제의 터미널 창에서 실행되어야 한다. 윈도우 운영체제의 경우 명령 프롬프트 창에서 실행되어야 한다.

다음 두 줄은 여기서 우리가 필요로 하는 명령어들이다.

```
pear config-set auto_discover 1
pear install pear.phpunit.de/PHPUnit
```

첫 번째 명령어를 통해 우리는 PEAR가 명령 줄로부터 새로운 채널을 자동으로 발견하거나 어떤 라이브러리를 설치할 때, 필요한 다른 필수 라이브러리가 있으며 이를 찾도록 설정한다. 두 번째 명령어를 통해 우리는 PHPUnit 프레임워크를 설치한다. 이때 File_Iterator 라이브러리와 PHP_Timer 라이브러리, PHP_CodeCoverage 라이브러리와 같은 다른 필수 라이브러리도 함께 설치된다. 위의 명령어를 실행하면, PHPUnit 프레임워크와 다른 필수 라이브러리들이 성공적으로 설치될 것이다. 제대로 설치됐는지 확인하기 위해 phpunit 명령어를 설치된 PHPUnit의 버전을 화면에 출력하는 옵션과 함께 실행해볼 수 있다. 다음은 PHPUnit의 버전을 화면에 출력하는 명령어다.

```
phpunit --version
```

위 명령어는 앞에서 PHPUnit 라이브러리를 설치하기 위해 사용한 명령어줄 유틸리티를 사용해서 실행해야 한다.

위 명령어의 실행 결과는 다음과 같다.

```
PHPUnit 3.7.32 by Sebastian Bergmann.
```

위의 명령어를 실행하면, 버전 3.7.32가 화면에 출력된다. 세바스찬 버그만Sebastian Bergmann은 PHPUnit을 만든 사람이다. PHPUnit을 성공적으로 설치했으니 첫 번째 테스트를 작성할 준비가 되었다.

다음 코드는 코드 모음의 exampleTest.php이다.

```php
<?php

class exampleTest extends PHPUnit_Framework_TestCase{

    public function testTrue(){
```

```
        $this->assertTrue(true);

    }

    public function testCount(){
        $array = [1,2,3,4];

        $this->assertCount(4, $array);

    }
}

?>
```

위 테스트 케이스(exampleTest.php)에서 눈여겨봐야 할 중요한 세 가지 요소가 있다.

- 테스트 케이스는 항상 PHPUnit_Framework_TestCase로부터 상속해야 한다.
- 테스트 케이스 내에 테스트는 항상 공개public여야 하고 이름이 test로 시작해야 한다. 또한 메소드의 doc 블록에서 @test 표기를 사용할 수 있다.
- 일반적으로 테스트 케이스의 이름과 해당 테스트를 포함하는 파일의 이름은 항상 test로 끝나야 한다.

테스트 케이스 내의 테스트는 전달된 데이터가 예상 결과와 일치하는지 확인하기 위해 assert 메소드를 포함할 것이다. 우리의 테스트에서는 assert 메소드가 두 개 존재한다. 첫 번째 assert 메소드는 전달된 데이터가 참(true)인지 확인하고, 두 번째 assert 메소드는 배열의 길이가 전달된 예상 값과 일치하는지 확인한다.

 앞에서 사용한 phpunit 명령어를 사용해 다음과 같이 테스트 케이스를 실행한다.

```
phpunit exampleTest.php
```

위 코드의 실행 결과는 다음과 같다.

```
PHPUnit 3.7.32 by Sebastian Bergmann.

..

Time: 80 ms, Memory: 1.25Mb

OK (2 tests, 2 assertions)
```

우리는 성공적으로 두 개의 테스트를 마쳤다. 실행 결과에 따르면 두 개의 테스트
와 두 개의 어설션_{assertion}이 존재한다. 이는 두 개의 테스트가 모두 확인되었거나
통과했다는 의미이다. 이제 하나의 메소드를 지닌 클래스를 하나 만들고, 해당 메
소드에 대한 다수의 테스트를 포함하는 테스트 케이스를 만들어보자. 테스트 실패
시 출력 메시지를 확인하기 위해 실패할 테스트를 추가해보자.

```php
<?php

class Math{

    /**
     * 두 숫자의 합을 반환한다.
     **/
    function add($a, $b){

        return $a + $b;

    }

}

?>
```

이는 두 개의 숫자를 입력으로 받아서 합을 반환하는 add() 메소드를 포함한 매우
간단한 클래스이다. 이제 위의 Math 클래스에 대한 테스트 케이스를 생성해보자.
다음 코드는 코드 모음의 MathTest.php 파일이다.

```php
<?php
require_once('Math.php');

class MathTest extends PHPUnit_Framework_TestCase{

    public function testAdd(){

        $this->assertEquals(5, (new Math())->add(2,3));

    }

    public function testAdd2(){

        $this->assertNotEquals(6, (new Math())->add(2,3));

    }

    public function testAdd3(){

        $this->assertEquals(4, (new Math())->add(2,3));

    }

}

?>
```

위의 테스트 케이스는 add() 메소드에 숫자 2와 숫자 3을 매개변수로 전달한 다음 결과가 예상과 일치하는지 확인하는 테스트를 세 개 포함한다. 첫 번째 테스트와 두 번째 테스트는 성공할 것이다. 첫 번째 테스트는 add() 메소드가 반환하는 값이 5인지 확인하고 두 번째 테스트는 add() 메소드가 반환하는 값이 6이 아닌지 확인하기 때문이다. 따라서 실행 시에 두 테스트 모두 성공할 것이다. 마지막세 번째 테스트는 add() 메소드가 반환하는 값이 4인지 확인한다. 반환되는 값은 5이기 때문에 해당 테스트는 실패할 것이다.

위 코드의 실행 결과는 다음과 같다.

```
PHPUnit 3.7.32 by Sebastian Bergmann.
..F
Time: 89 ms, Memory: 1.50Mb
There was 1 failure:
1) MathTest::testAdd3
Failed asserting that 5 matches expected 4.
/var/www/UnitTesting/MathTest.php:21
FAILURES!
Tests: 3, Assertions: 3, Failures: 1.
```

예상대로 처음 두 어설션은 성공하고 마지막 어설션은 실패했다. 위의 코드를 수정하여 마지막 어설션은 제거하고 PHPUnit 웹사이트의 문서를 활용하여 여러분의 프로젝트에 필요한 단위 테스트를 어떻게 구현하는지 알아보자. 단위 테스트로 인해 프로젝트나 기능 개발에 더 많은 시간이 걸리는 것처럼 보일 수도 있다. 하지만 단위 테스트 덕분에 새로운 기능이 추가될 때마다 전체 애플리케이션을 수동으로 테스트함으로써 걸리는 전체 시간을 줄일 수 있다. 또한 PHPUnit에는 require 나 require_once 대신에 필요한 파일을 자동으로 로딩해주는 사용자 정의 부트스트래핑bootstrapping 같은 다양한 기능이 포함되어 있다. 또 다른 유용한 기능으로는 죽은 코드를 찾는데 도움이 되는 코드 커버리지coverage가 있다. 죽은 코드는 프로젝트에 존재하지만 실제로 사용되지 않는 코드를 말한다. PHPUnit은 다양한 기능을 제공하며, 이러한 기능에 대해 이해하고 알아볼 수 있는 좋은 장소는 바로 PHPUnit의 공식 웹사이트(http://phpunit.de/manual/current/en/)이다.

MariaDB 사용하기

지금까지 우리는 PHP의 핵심 프로그래밍 개념에 대해 알아봤다. 또한 1장과 2장에서는 MariaDB 데이터베이스 서버에 대해 알아봤다. 이번 절에서는 PHP와 MariaDB를 연동하는 법에 대해 알아보겠다. PHP는 MariaDB에 연결하기 위한 API를 세 가지 제공한다. 해당 API는 다음과 같다.

API	설명	주석
mysql	MySQL과 MariaDB 데이터베이스에 접속하기 위해 가장 많이 사용되는 API이다. mysql API를 개발하기 위한 PHP 2.0 Active 개발 때부터 있어 왔으며, 새로운 프로젝트에는 사용하지 말 것을 권한다.	mysql API는 PHP 5.5.0에서 사라질 API로 구분되었으며, 향후 더 이상 제공되지 않을 것이다.
mysqli	PHP 5에서 추가된 새로운 API이다. 이는 이전 API에 비해 많은 발전을 했다. 클라이언트 및 서버 측 프리페어드 문(prepared statement)과 저장 프로시저(stored procedure), 트랜잭션(transaction)과 같은 기능을 지원한다. 또한 mysqli API는 객체지향 인터페이스와 절차형 인터페이스를 지닌다.	mysqli API는 MySQL Improved의 약자다.
PDO	PDO는 데이터베이스 조작 시 사용되는 객체지향 인터페이스이다. PDO는 향후에 다른 데이터베이스 관리 시스템으로 옮겨갈 수 있는 유연성을 제공하기 위해 다양한 데이터베이스를 지원한다.	PDO API는 PHP Data Objects의 약자이다.

이번 절에서는 mysqli와 PDO에 대한 예제를 살펴본다. 또한 어떤 API를 사용할지 결정하는 데 필요한 정보를 얻기 위해 http://www.php.net/manual/en/mysqlinfo.api.choosing.php에서 제공하는 API 문서를 살펴볼 것을 권한다.

PHP – mysqli

mysqli API가 절차적 인터페이스와 객체지향 인터페이스 모두를 지원하지만, 이번 예제에서는 객체지향 인터페이스를 사용할 것이다. 이 예제를 사용하기 위해, employee 데이터베이스를 생성하고 사원 레코드를 몇 개 생성하자.

다음 코드는 코드 모음의 employees.sql이다.

```
CREATE DATABASE IF NOT EXISTS `employee_db`;
--
-- 데이터베이스: `employee_db`
--

-- --------------------------------------------------------
```

```
USE `employee_db`;
--
-- `employees` 테이블의 구조
--

CREATE TABLE IF NOT EXISTS `employees` (
  `id` int(11) NOT NULL AUTO_INCREMENT,
  `first_name` varchar(60) NOT NULL,
  `last_name` varchar(60) NOT NULL,
  PRIMARY KEY (`id`)
) ENGINE=InnoDB DEFAULT CHARSET=latin1 AUTO_INCREMENT=4 ;


--
-- `employees` 테이블에 데이터 채우기
--

INSERT INTO `employees` (`id`, `first_name`, `last_name`) VALUES
(1, 'John', 'Doe'),
(2, 'Jane', 'Dane'),
(3, 'Richard', 'Roe');
```

이제 employee 데이터베이스에 필요한 데이터를 만들었으니, 해당 데이터베이스에 접속하여 사원 레코드를 얻기 위해 mysqli API를 사용해보자.

다음 코드는 코드 모음의 php-mysqli.php이다.

```php
<?php

// 접속 관련 매개변수를 상수로 저장한다.
define("DB_HOST","localhost");
define("DB_NAME","employee_db");
define("DB_USER","root");
define("DB_PASSWORD", "admin");

// 데이터베이스에 연결한다.
$connection = new mysqli(DB_HOST, DB_USER, DB_PASSWORD, DB_NAME);

if($connection->connect_error) {

    trigger_error("Database connection failed: " . $conn->connect_error,
```

```
E_USER_ERROR);

}

// 사원 레코드를 얻기 위한 쿼리를 생성한다.
$sql = "select id, first_name, last_name from employees;";

// 쿼리를 실행한다.
$result = $connection->query($sql);

// 결과가 맞는지 확인한다.
if($result === false){

    trigger_error("Sql Error, verify SQL", E_USER_ERROR);

}

// 반복을 통해 결과를 얻는다.
while($row = $result->fetch_assoc()){

    echo $row['id']." ".$row['first_name']." ".$row['last_name']."\n";

}

?>
```

위의 예제에서 데이터베이스로의 접속 정보를 상수에 저장한 다음, mysqli 객체를 생성하고 데이터베이스에 연결하기 위해 접속 정보를 사용한다. 그리고 나서, 연결이 성공적인지 확인한다. 연결이 성공적이지 않으면 적절한 조치를 취할 수 있도록 에러를 발생시킨다. 그리고 나서, 데이터베이스에 쿼리를 던져 사용 가능한 사원 레코드를 얻고 나서, 얻은 사원 레코드를 순회하면서 각 사원에 대한 정보를 출력한다.

위 코드 실행 결과는 다음과 같다.

```
1 John Doe
2 Jane Dane
3 Richard Roe
```

PHP - PDO

이번 절에서 PDO API를 사용해 employees 테이블의 모든 사원 데이터를 조회해볼 것이다.

다음 코드는 코드 모음의 php-pdo.php 파일이다.

```php
<?php

//접속 관련 매개변수를 상수로 저장한다.
define("DB_HOST","localhost");
define("DB_NAME","employee_db");
define("DB_USER","root");
define("DB_PASSWORD", "admin");

try{

    //데이터베이스에 연결한다.
    $connection = new
      PDO("mysql:host=".DB_HOST.";dbname=".DB_NAME, DB_USER,
      DB_PASSWORD);

    //오류 모드를 설정한다.
    $connection->setAttribute(PDO::ATTR_ERRMODE,
      PDO::ERRMODE_EXCEPTION);

    //사원 레코드를 얻기 위한 쿼리
    $sql = "select id, first_name, last_name from employees";
    $data = $connection->query($sql);
    foreach($data as list($id, $first_name, $last_name)){
        echo $id." ".$first_name." ".$last_name."\n";
    }

}
catch(Exception $ex){
    echo $ex->getMessage();
}
finally{
    $connection = null;
}
?>
```

위의 예제에서 우선 PDO 객체를 생성한다. 그 다음, 오류 보고 모드를 ERRMODE_EXCEPTION으로 설정한다. 해당 모드의 경우, 예외가 발생하면 catch 블록이 실행되고, PDO_EXCEPTION 클래스의 예외가 발생한다. 에러 보고 모드를 설정한 다음, select 쿼리를 실행하여 결과를 화면에 출력한다.

위의 코드를 실행한 결과는 다음과 같다.

```
1 John Doe
2 Jane Dane
3 Richard Roe
```

이제 MariaDB와 단위 테스트에 관해 알아봤으니, 데이터베이스 통합을 시험해 볼 테스트 케이스를 한 번 만들어보자. 수행 가능한 연산으로는 테이블 생성 후에 해당 테이블에 실시간으로 데이터를 삽입하는 것이 있다. 해당 테이블에 데이터를 삽입한 후에는 모든 데이터가 삽입됐는지 확인하거나 특정 열이 삽입됐는지 부분 확인을 하기 위해 SELECT 쿼리를 수행할 수 있다. 테스트가 성공적으로 끝나고 나면 해당 테이블을 삭제하고 계속해서 개발을 이어나갈 수 있다. 데이터 통합을 테스트하기 위한 매우 기본적인 예제를 살펴보자.

다음 코드는 코드 모음의 DatabaseTest.php이다.

```php
<?php

class DatabaseResult extends PHPUnit_Framework_TestCase{

    private $connection;

    public function setUp(){
        //설정
        $this->connection = new
          PDO("mysql:host=localhost;dbname=employee_db",
          "root", "admin");

        $this->connection->setAttribute(PDO::ATTR_ERRMODE,

          PDO::ERRMODE_EXCEPTION);
```

```
    }

    public function testData(){

        $data = $this->connection->query("select count(*)

            as ct from employees where first_name =
            'John';")->fetchObject();

        $this->assertEquals(1, $data->ct);

    }

    public function tearDown(){
        // 정리
        $this->connection = null;
    }
}

?>
```

위의 예제에서 setup() 함수에서 데이터베이스로의 접속을 수립한다. 데이터를 얻기 위해서는 우선 데이터베이스에 접속해야 한다. 위의 예제에는 setup() 함수와 teardown() 함수가 존재한다. 이 두 함수는 xUnit 아키텍처에서 테스트 함수라고 부른다. 테스트 함수는 테스트를 성공적으로 실행하기 위해 필요한 모든 정보가 있는 지점이라 할 수 있다. setup() 테스트 함수는 주로 필수 리소스를 생성하는 데 사용되고 teadown() 테스트 함수는 생성된 모든 리소스를 정리하는 데 사용된다. 위의 예제에서는 setup() 함수를 사용해 데이터베이스 접속을 수립하고, teardown() 함수를 사용해 데이터베이스 접속을 끝낸다.

위 코드의 실행 결과는 다음과 같다.

```
PHPUnit 3.7.32 by Sebastian Bergmann.

.

Time: 91 ms, Memory: 1.50Mb
```

```
OK (1 test, 1 assertion)
```

실행 결과, 테스트가 성공적으로 수행된 것을 확인할 수 있다.

요약

3장에서 PHP 5.4와 5.5에서 새롭게 등장한 기능 일부에 대해 살펴봤다. 또한 단위 테스트가 무엇인지와 PHPUnit의 테스트케이스를 통해 애플리케이션의 개별 단위를 테스트함으로써 소프트웨어 개발 주기를 간소화하는 방법을 살펴봤다. 마지막으로 MariaDB 데이터베이스에 접속하는 방법에 대해 알아봤다. 다음 장에서는 HTML이 PHP와 어떻게 상호작용하는지, 그리고 우리의 학생 포털 애플리케이션을 어떻게 발전시킬 수 있는지에 대해 알아볼 것이다.

4
학생 포털 만들기

3장에서 PHP 5.4와 5.5의 새로운 기능과 애플리케이션의 개별 단위를 테스트하기 위한 단위 테스트를 사용하는 법, 데이터를 얻기 위해 MariaDB 데이터베이스 서버에 접속하는 다양한 방법과 같은 고급 개념에 대해 알아봤다. 4장에서는 애플리케이션을 만들기 위해 앞에서 배운 모든 개념을 사용할 것이다. 지금까지 PHP CLI를 사용해 스크립트를 실행했다. 4장에서는 PHP를 사용해 상호작용이 가능한 학생 포털을 만들 것이다. 학생 포털을 사용해 다음과 같은 작업을 수행할 수 있다.

- 애플리케이션의 기본적인 부분 설정
- MVC 설정
- 학생 추가
- 모든 학생 나열
- 코스 추가

- 모든 코스 나열
- 학생을 코스에 등록
- 모든 등록 보기

우리는 위의 작업을 수행하기 위해 HTML과 PHP, MariaDB를 사용할 것이다.

애플리케이션의 기본적인 부분 설정하기

부록의 2장 PHP 객체지향 프로그래밍에서 우리는 디자인 패턴과 코드를 더 잘 정돈하기 위해 다지인 패턴을 어떻게 사용할 수 있는지에 대해 알아봤다. 우리는 MVC 디자인 패턴을 사용해서 학생 포털 애플리케이션을 만들 것이다. MVC 패턴 또는 모델Model-뷰View-콘트롤러Controller 패턴은 웹 애플리케이션을 만드는 데 가장 많이 사용하는 패턴 중 하나다. MVC의 특징은 다음과 같다.

- 모델은 데이터 관리를 담당한다. 모델은 데이터 추출, 업데이트, 삭제와 같은 일반적인 데이터 연산을 다룬다.
- 뷰는 데이터 표시를 담당한다. 뷰는 브라우저에 데이터를 표시하는 역할을 하는 필수 HTML을 주로 포함한다.
- 콘트롤러는 데이터 처리를 담당한다. 콘트롤러는 모델이 추출한 데이터를 뷰에 전달하기 전에 수행해야 할 애플리케이션 로직을 포함한다. 콘트롤러는 애플리케이션 로직의 단일 기능 단위 역할을 하는 액션(action)을 하나 또는 다수 포함한다. 여기서 액션은 콘트롤러의 메소드에 해당한다.

MVC 기반 웹 애플리케이션을 만들기 위해서는 아파치Apache의 재작성 기능을 활성화하고 우리 애플리케이션에 대한 디렉토리 구조를 설정하는 등의 선수 작업을 수행해야 한다. 복잡한 쿼리 문자열보다는 읽기 쉬운 클린 URLclean URL을 구현하는 재작성 기능이 필요하다.

재작성 기능을 사용하기 전에는 URL은 다음과 같다.

- http://student-portal/index.php?url=students

재작성 기능을 사용하고 나서 URL은 다음과 같이 변한다.

- http://student-portal/students

URL 재작성 설정

아파치 웹서버는 다양한 매우 유용한 모듈을 포함한다. 그중 하나가 mod_rewrite 모듈이다. mod_rewrite 모듈은 URL을 실시간으로 재작성할 수 있는 규칙 기반 엔진을 제공한다. 또한 이 모듈을 사용해 URL을 다른 URL로 리디렉트_redirect_시키고 내부 프록시 패치_proxy fetch_를 호출할 수 있다. mod_rewrite 모듈을 사용함으로써 사용자에게 파일 시스템 경로를 숨길 수 있다.

mod_rewrite 모듈은 기본적으로 꺼져 있으며 명시적으로 켜야 한다. mod_rewrite 모듈을 키려면 일부 운영체제의 경우 아파치 웹서버의 설정 파일을 수정하거나 내부 명령어를 사용해야 한다. 우분투_Ubuntu_의 경우, mod_rewrite 모듈을 키기 위해 다음과 같이 a2enmod 명령어를 사용한다.

```
sudo a2enmod rewrite
```

mod_rewrite 모듈이 기본적으로 꺼져 있기 때문에 아파치의 URL을 동적으로 변경하는 기능 역시 꺼져 있다. 이를 키기 위해서는 apache2.conf 파일 또는 httpd.conf 파일을 찾아서 AllowOverride 문자열을 찾아야 한다. 해당 설정은 기본적으로 None으로 설정되어 있기 때문에 이를 All로 변경해야 한다. 이러한 변경은 보안 문제를 일으킬 수 있기 때문에, 현재 우리가 작업 중인 도큐먼트 루트_document root_에만 적용되어야 하고 나머지에는 적용되어서는 안 된다.

```
Before
<Directory /var/www/>
    Options Indexes FollowSymLinks
    AllowOverride None
    Require all granted
</Directory>
```

```
After
<Directory /var/www/>
    Options Indexes FollowSymLinks
    AllowOverride all
    Require all granted
</Directory>
```

핵심 아파치 설정 파일을 변경했기 때문에 아파치 웹서버를 재시작해야 한다. 웹서버를 재시작하려면 restart 명령어를 사용해야 한다.

sudo service apache2 restart

이제 우리는 재작성 기능을 추가했기 때문에 우리의 MVC 학생 애플리케이션을 작성하는 데 사용할 폴더 구조를 설정해보자. 다음 스크립트는 터미널 윈도우에서 실행되어야 하며 도큐먼트 루트 폴더에서 실행되어야 한다. 아래 명령어를 build.sh 스크립트에 넣고 build.sh를 실행하여 폴더 구조를 생성해보자.

mkdir student-portal
cd student-portal
mkdir models
mkdir controllers
mkdir views
mkdir lib

build.sh 스크립트는 우리가 만들 스크립트를 저장하는 데 필요한 폴더 구조를 생성한다. 학생 포털의 진입점이 될 index.php 페이지를 만들어보자. index.php는 사용자들이 외부에서 학생 포털에 접근할 때 마주하는 첫 페이지 역할과 다른 페이지로 이동하기 위한 페이지의 역할을 할 것이다. index.php에게 다른 페이지로 이동하기 위한 페이지 역할을 부여하기 위해 웹서버 규칙과 조건을 저장하는 .htaccess 파일을 사용할 것이다.

 .htaccess 파일은 웹서버 설정 관리를 분산하기 위해 주로 사용한다. .htaccess 파일을 사용함으로써 각 웹 애플리케이션에 특정한 웹서버 설정을 추가할 수 있다. .htaccess 파일은 애플리케이션의 디렉토리에 위치하며 .htaccess의 설정이 웹서버의 전역 설정보다 우선순위가 높다.

.htaccess 파일을 열어, mod_rewrite 모듈에서 제공하는 재작성 엔진을 키는 옵션을 추가하고, 모든 요청을 index.php 페이지로 넘긴다. 요청을 index.php로 넘기는 과정 중에 URL의 앞 부분은 그대로 남고 뒷부분은 쿼리 문자열 매개변수로 index.php에 넘긴다.

URL 요청의 예는 다음과 같다.

```
localhost/student-portal/student
```

페이지 이동된 URL은 다음과 같다.

```
localhost/student-portal/index.php?url=student
```

이렇게 페이지 이동을 하는 이유는 요청된 페이지가 무엇인지 파악해서 index.php 페이지에서 해당 요청을 처리하기 위함이다. 페이지 이동을 위해 .htaccess 파일에 다음 코드를 추가한다.

```
RewriteEngine On

RewriteCond %{REQUEST_FILENAME} !-f
RewriteCond %{REQUEST_FILENAME} !-d
RewriteCond %{REQUEST_FILENAME} !-l

RewriteRule ^(.*)$ index.php?url=$1 [QSA,L]
```

위 스크립트는 도큐먼트 폴더의 루트 디렉토리에 추가되어야 하고 파일 이름은 .htaccess여야 한다.

```php
<?php

$url = $_GET['url'];
echo '"'.$url.'"'.' is the requested page';

?>
```

index.php 파일에서 매개변수 url의 값을 추출한다. 매개변수 url의 값은 페이지 이동 시에 채워진다.

실행 결과는 다음과 같다.

"student" is the requested pagepage("student"가 요청된 페이지입니다)가 출력되었기 때문에
페이지 이동이 성공적이었다고 할 수 있다. 이제 학생 포털 애플리케이션을 좀 더
발전시키기 위해 course_registry 데이터베이스에 학생을 추가할 수 있는 폼을
생성해보자.

 course_registry 데이터베이스는 1장과 2장에서 생성한 데이터베이스이다.

MVC 설정

이제 폴더 구조를 생성했고 재작성 기능도 활성화했으니 MVC 기반 애플리케이션
을 만들 준비가 되었다. 제일 먼저 필수 클래스를 로딩해야 한다. 이러한 필수 클
래스는 lib 폴더에 저장하며, config.php 파일에 lib 폴더 위치, 애플리케이션의 기
본 URL, 데이터베이스 접속 정보 등과 같은 필수 설정을 저장한다.

```php
<?php
define('LIBRARY', 'lib/');
define('BASE_URL', 'http://localhost/student-portal/');

define('DB_VENDOR','mysql');
define('DB_HOST','localhost');
define('DB_NAME','course_registry');
define('DB_USR','root');
```

```php
define('DB_PWD','top_secret_pwd');
```

lib 폴더에 Bootstrap 클래스를 추가한다. Bootstrap 클래스는 요청이 들어왔을
때 해당 요청을 이해하고, 해석하고, 올바른 콘트롤러로 페이지 이동하는 역할을
한다. 다음 코드를 lib/Bootstrap.php에 입력한다.

```php
<?php
class Bootstrap {

  public function __construct() {

    $url = $_GET['url'];
    $url = explode("/", $url);

    // 어떤 페이지로 이동해야 할지 모르는 경우
    if (empty ($url[0])) {
      require_once ("controllers/students.php");
      (new Students())->get();
      return false;
    }
    $file_name = "controllers/" . $url[0] . ".php";

    // 파일이 존재하지 않는 경우
    if (!file_exists($file_name)) {
      // 404 페이지로 이동해야 한다.
      echo "File does not exist";
      return false;
    }

    require_once ($file_name);
    $ct_name = ucfirst($url[0]);
    $controller = new $ct_name;

    if (empty ($url[1])) {
      $controller->get();
      return false;
    }

    $action_name = isset ($url[1]) ? $url[1] : NULL;
```

```
if ($action_name && method_exists($controller, $action_name)) {
    if (empty ($url[2])) {
        $controller->{
            $url[1]
        }
        ();
    }
    else {
        $controller->{
            $url[1]
        }
        ($url[2]);
    }
}
else {
    // 액션(메소드)가 존재하지 않는 경우
    echo "Action does not exist";

}

  }
}
```

위의 코드에서 매개변수 url로부터 데이터를 추출한다. 도착한 데이터 목록을 만들기 위해 explode 함수를 사용한다. 더 진행하기 전에 다음 URL 예를 통해 우리가 사용하고자 하는 URL 구조를 이해해보자.

URL	콘트롤러	액션	매개변수
http://localhost/studentportal/students/add	Students	add	–
http://localhost/studentportal/students/get	Students	get	–
http://localhost/studentportal/students/delete/1	Students	delete	1

위의 테이블을 볼 때, 매개변수 url이 콘트롤러와 액션, 매개변수(매개변수는 선택 사항임)를 포함할 것이라는 것을 예상할 수 있다. 로딩 클래스는 위 세 가지 경우를 모두 처리할 뿐만 아니라 충분한 데이터가 없는 경우에 대해서도 처리할 것이다.

118

이제 위의 기능을 index.php 페이지에 구현해보자. index.php 페이지는 학생 포털 애플리케이션의 진입점이다. 다음 코드를 index.php 파일에 입력하자.

```php
<?php
require_once ("config.php");

function __autoload($class) {
    require LIBRARY . $class . ".php";
}

$app = new Boostrap();

?>
```

index.php 파일은 우선 config.php 파일로부터 설정을 가져온다. 그리고 나서 _autoload 함수를 사용해 lib 디렉토리의 모든 필수 클래스를 가져온다. 필수 라이브러리 파일이 로딩되고 나면(Boostrap.php 파일 포함), 요청을 받을 부트스트랩(boostrap) 객체를 인스턴스화한다. 이제 애플리케이션에서 데이터베이스 설정을 로딩했으니, 필수 데이터베이스 연산을 제공할 데이터베이스 라이브러리 파일을 생성할 수 있다. 우리 예제의 경우, 데이터베이스 라이브러리 파일은 가능한 간단하게 유지할 것이고 PDO 클래스를 상속받을 것이다.

다음 코드를 lib/Database.php 파일에 입력하자.

```php
<?php
class Database extends PDO {
    public function __construct($DB_VENDOR, $DB_HOST, $DB_NAME, $DB_USR,
        $DB_PWD) {
    parent :: __construct($DB_VENDOR . ':host=' . $DB_HOST . ';
        dbname=' . $DB_NAME, $DB_USR, $DB_PWD);
    }
}
```

다음으로 설정해야 할 것은 기반 모델과 기반 뷰, 기반 콘트롤러이다. 이러한 기반 모델과 뷰, 콘트롤러는 다양한 모델과 뷰, 콘트롤러에 사용될 기반 기능을 담아야 한다. 우리가 생성하고자 하는 기반 모델 클래스는 매우 간단하며 데이터베이스 객체를 생성하여 콘트롤러가 해당 데이터베이스 객체를 사용할 수 있게끔 할 것이다. 우리가 위에서 생성한 데이터베이스 라이브러리를 사용하는 기반 모델을 만들어 보자. 해당 데이터베이스 라이브러리는 lib/Base_Model.php 파일에 위치한다.

```php
<?php
abstract class Base_Model {
    public function __construct() {
        $this->db = new Database(DB_VENDOR, DB_HOST, DB_NAME, DB_USR, DB_PWD);
    }
}
```

Base_Model 클래스는 추상 클래스다. Base_Model 클래스를 인스턴스화할 필요가 없고 Base_Model 클래스 내 기능이 필요하다면 Base_Model 클래스를 확장(상속)할 것이기 때문이다. Base_Model 클래스는 모든 모델 클래스의 부모 클래스 역할을 한다. Base_Model 클래스에서 우리는 Database 클래스를 인스턴스화한다. 이제 콘트롤러와 뷰 간의 상호작용과 다른 뷰 관련 기능에 도움이 될 기능을 포함하는 기반 뷰 클래스를 만들어보자. 다음 코드를 lib/Base_View.php 파일에 입력한다.

```php
<?php
class Base_View {
    public function __construct() {
    }
    public function render($name) {
        require_once ("views/layout/header.php");
        require_once ("views/$name.php");
        require_once ("views/layout/footer.php");
    }
}
```

위의 기반 뷰 라이브러리 파일에서 뷰의 이름을 매개변수로 받아서 해당 이름에 해당하는 뷰 파일을 가져오는 render 메소드를 생성했다. 또한 views/layout 폴더의 일부인 헤더 뷰와 풋터(footer) 뷰를 가져온다. 우리는 아직 헤더 파일(header.php)과 풋터 파일(footer,php)을 생성하지 않았지만, 이는 플레이스홀더placeholder의 역할을 한다. 우리가 계속해서 MVC 애플리케이션을 생성하면서 해당 파일들을 생성할 것이다. 지금까지 우리는 기반 뷰 라이브러리 파일과 기반 모델 라이브러리 파일을 생성했으니, 이제 기반 콘트롤러 라이브러리 파일을 생성해보자. 다음 코드를 lib/Base_Controller.php 파일에 입력하자.

```php
<?php
abstract class Base_Controller {

    public function __construct() {
        $this->view = new Base_View();
    }

    public function loadModel($name) {

        $path = 'models/' . $name . '_model.php';

        if (file_exists($path)) {
            require_once ("models/$name_model.php");

            $modelName = ucfirst($name) . "_Model";
            $this->model = new $modelName();
        }
    }
}
```

기반 콘트롤러 라이브러리 파일은 꽤 간단하며 Base_View 클래스의 객체를 인스턴스화한다. Base_Controller 클래스를 확장하는 모든 하위 클래스는 기반 뷰 클래스를 사용할 수 있다. 즉 모든 하위 클래스는 특정 뷰를 호출하기 위해 render 함수를 사용할 수 있다. 또한 loadModel 메소드는 콘트롤러의 이름을 매개변수로 받아서 이를 가공해서 해당 모델 파일을 가져온다. 해당 모델이 로딩되고 나면 데이터베이스에 쿼리를 던지기 위해 해당 모델 객체를 사용할 수 있다.

이제 우리의 MVC 애플리케이션을 위한 기반 라이브러리가 완성되었으니 첫 번째 콘트롤러를 만들어보자. 우리가 만들 첫 번째 콘트롤러의 이름은 Students이다. Students 콘트롤러는 학생을 처리하기 위한 모든 애플리케이션 로직을 포함한다.

다음 코드를 controllers/students.php 파일에 입력하자.

```php
<?php
class Students extends Base_Controller {
    public function __construct() {
        parent :: __construct();
    }

    public function add() {
    }

    public function get($id = null) {
    }
}
```

위의 코드를 통해 우선 Students 콘트롤러에 포함될 애플리케이션 로직의 골격을 만들었다. 학생을 추가하기 위해 add 액션을 사용할 것이고, 데이터베이스의 한 명 또는 모든 학생을 얻기 위해 get 액션을 사용할 것이다.

학생 추가

이번 절에서 course_registry 데이터베이스에 학생을 추가하기 위한 첫 번째 뷰를 만들 것이다. MVC 기반으로 애플리케이션을 만들 때, 콘트롤러의 모든 액션에 대해 별도의 뷰가 존재해야 한다. 하나의 콘트롤러에 하나 이상의 액션이 존재할 수 있기 때문에 views 디렉토리 내에 students 하위 디렉토리를 생성할 것이다. 향후에 courses 콘트롤러에 관한 작업을 할 때, courses 콘트롤러를 위한 하위 디렉토리를 별도로 생성할 것이다. 이런 식으로 각 콘트롤러에 대해 하위 디렉토리를 생성한다. 우선은 학생 추가와 관련된 아래 코드를 views/students/add.php 파일에 입력하자.

```php
<div id="addStudent">
<?php
    if (isset ($this->id)) {
        echo "New user has been successfully added";
    }
```

```
?>

<form class="Frm" action="add" method="post">
    <ul>
        <li>
            <label>First Name</label>
            <input name="first_name" placeholder="Enter First Name">
        </li>
        <li>
            <label>Last Name</label>
            <input name="last_name" placeholder="Enter Last Name">
        </li>
        <li>
            <label>Address</label>
            <textarea name="address" placeholder="Enter Address">
                </textarea>
        </li>
        <li>
            <label>City</label>
                <input name="city" placeholder="Enter City">
        </li>
        <li>
            <label>State</label>
            <input name="state" placeholder="Enter State">
        </li>
        <li>
            <label>Zipcode</label>
            <input name="zip_code" placeholder="Enter Zip Code">
        </li>
        <li>
            <label>User Name</label>
            <input name="username" placeholder="Enter User Name">
        </li>
        <li>
            <label>Password</label>
            <input name="password" type="password" >
        </li>
        <li>
            <input type="submit" name="submit" value="Add Student">
        </li>
```

```
    </form>
</div>
```

이제 학생을 추가하기 위한 HTML 폼이 생겼으니, 사용자가 **Add Student**(학생 추가)
버튼을 클릭했을 때 폼 제출을 처리하는 과정을 살펴보자. 다음 코드에서 주목해
야 할 점은 폼 제출 시 폼의 데이터가 포스트POST 방식으로 add 액션에 전달된다
는 것이다. 다음 코드를 controllers/students.php 파일에 입력하자.

```
public function add(){

  if(isset($_POST['submit'])){
    unset($_POST['submit']);
    $this->view->id = $this->model->addStudent($_POST);
  }

  $this->view->render('students/add');
}
```

위의 코드는 add 액션을 Students 콘트롤러에 추가한다. add 액션은 다음과 같은
세 가지 작업을 수행한다.

- 우선 폼이 제출됐는지 확인한다.

- 폼이 제출되었다면 addStudent 메소드를 호출하여 해당 학생을 데이터베이스
  에 추가한다.

- 마지막으로 우리가 이전에 생성한 Base_View 라이브러리의 render 메소드를
  사용해 해당 뷰를 로딩한다.

이제 브라우저에 http://localhost/student-portal/students/add를 주소창에 입
력하여 위의 폼을 로딩해보자.

실행 결과는 다음과 같다.

Add Student 버튼을 클릭하면, 폼의 데이터가 add 액션에 포스트 방식으로 전달된다. $_POST['submit']이 **Add Student** 버튼에 설정되어 있기 때문에 **Add Student** 버튼을 클릭하면 조건문을 통과할 것이다. 전달된 데이터가 처리되고 나면 해당데이터를 Students 모델의 addStudent 메소드에 전달한다. 데이터가 모델에 도착했을 때 해당 데이터를 데이터베이스에 어떻게 추가할 수 있는지 살펴보자. 아래 코드는 models/students_model.php 파일에 해당한다.

```php
<?php
  class Students_Model extends Base_Model {
     public function __construct() {
        parent :: __construct();
  }

  public function addStudent($student) {
     ksort($student);
     $columns = implode(',', array_keys($student));
     $values = ':' . implode(', :', array_keys($student));

     $stmt = $this->db->prepare("INSERT INTO students
        ($columns) VALUES($values);");
     foreach ($student as $key => $value) {
```

```
        $stmt->bindValue(":$key", $value);
    }

    $stmt->execute();

    return $this->db->lastInsertId();
    }
}
```

Students 모델은 Base_Model 클래스를 확장한다. addStudent 메소드는 우선 전달된 매개변수 값에 따라 전달된 데이터를 정렬한다. 정렬 이후에 삽입 쿼리를 만드는 과정을 수행한다. bindValue 메소드를 사용해 값들을 SQL 문에 바인딩한다. SQL 문이 준비되고 값이 바인딩되고 난 뒤에 execute 메소드를 사용해 데이터베이스에 대해 해당 쿼리를 실행한다. 성공적으로 실행되고 난 뒤에 lastInsertId 메소드를 사용해 방금 추가된 학생의 ID를 얻고 이를 콘트롤러에 반환한다. 해당 ID는 다시 뷰로 전달되며, 뷰는 학생이 데이터베이스에 성공적으로 추가되었다는 것을 알리기 위해 성공 메시지를 출력한다.

실행 결과는 다음과 같다.

사용자가 데이터베이스에 성공적으로 추가되면 페이지에 **New user has been successfully added**(새로운 사용자가 성공적으로 추가되었다)라는 메시지가 출력된다. 기존 course_registry 데이터베이스에 학생을 추가했으니, 이제 모든 학생의 ID 와 이름, 성을 얻어보자.

모든 학생 나열하기

Students 콘트롤러를 계속해서 완성해보자. 우선 학생 테이블에 저장된 모든 학생에 관한 정보를 얻는 액션을 만들어보자. 다음 코드는 controllers/students. php 파일에 포함된다.

```
public function get($id=null){
    $this->view->student_data = $this->model->getStudents();
    $this->view->render('students/get');
}
```

위 코드는 학생 데이터를 얻는 get 액션에 해당한다. 위의 get 액션을 사용해 한 명의 학생에 관한 정보를 얻거나 전체 학생에 관한 정보를 얻을 수 있다.

 우리는 모든 학생에 관한 정보를 얻는 경우만을 처리한다. 우선 학생 포털이 학생의 기타 프로필 정보를 처리할 수 있게 되면 학생 프로필을 출력하기 위한 뷰를 생성할 수 있다.

Students_model이 제공하는 getStudents 메소드를 사용해 데이터를 얻은 다음, 이를 students 하위 디렉토리의 get.php 뷰에 전달한다. 이제 models/students_model.php 파일에 포함된 getStudents 메소드를 간단히 살펴보자.

```
public function getStudents(){
    return $this->db->query("SELECT student_id, first_name,
        last_name FROM students;")->fetchAll(PDO::FETCH_ASSOC);
}
```

위의 코드는 모든 학생의 ID와 이름, 성을 얻기 위해 데이터베이스에 쿼리를 던진다. 위의 코드는 모든 열을 포함하는 배열을 얻기 위해 PDO의 fetchAll을 호출한다. 이제 해당 데이터는 get 액션으로 전달되며, get 액션은 해당 데이터를 get.php 뷰에 전달한다. 이제 get.php가 학생 데이터를 어떻게 표시하는지 간단히 살펴보자. 아래 코드는 views/students/get.php 파일에 포함된다.

```php
<div id="getStudent">
    <table>
        <tr>
            <th>Student Id</th>
            <th>First Name</th>
            <th>Last Name</th>
        </tr>
        <?php foreach($this->student_data as $student): ?>
        <tr>
            <td><?= $student['student_id']?></td>
            <td><?= $student['first_name']?></td>
            <td><?= $student['last_name']?></td>
        </tr>
        <?php endforeach; ?>
    </table>
</div>
```

위의 코드는 $this->student_data에 저장된 데이터를 사용하며, 학생 ID와 이름, 성을 출력하기 위해 해당 배열을 반복 접근한다. 이제 위 페이지를 브라우저에 로딩해보자. 위 페이지를 로딩하기 위한 URL은 http://localhost/student-portal/students/get이다. 실행 결과는 다음과 같다.

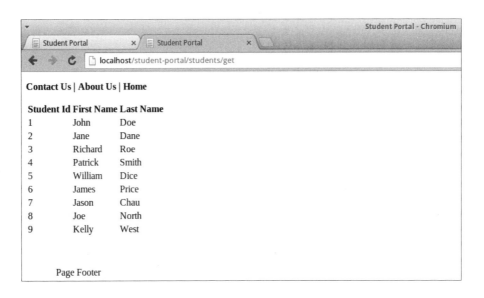

위 페이지를 성공적으로 로딩하면 리스트 형태로 학생 데이터를 볼 수 있다. 지금까지 우리는 학생을 추가하고 보기 위한 액션들을 생성했다. 이제 코스를 추가하고 모든 코스를 나열하는 기능을 구현해보자.

코스 추가

이번 절에서 콘트롤러 디렉토리에 새로운 Courses 콘트롤러를 추가할 것이다. Courses 콘트롤러는 Base_Controller 클래스를 확장하고, 인스턴스화할 때 courses 모델을 로딩할 것이다(우리는 아직 courses 모델을 생성하지 않았다). Courses 콘트롤러 코드는 Students 콘트롤러 코드와 비슷하다. 다음 코드는 controllers/courses.php 파일에 해당한다.

```php
<?php
class Courses extends Base_Controller {
   public function __construct() {
      parent :: __construct();
      $this->loadModel("courses");
   }
```

```php
    public function add() {

        if (isset ($_POST['submit'])) {
            unset ($_POST['submit']);
            $this->view->id = $this->model->addCourse($_POST);
        }
        $this->view->render('courses/add');
    }

}
```

우리는 add 액션을 사용해 새로운 코스를 생성할 것이고, 해당 코스를 우리의
courses 테이블에 추가할 것이다. add 액션에서 우리는 전역변수 $_POST의 데
이터를 코스 모델이 제공하는 addCourses 메소드에 매개변수로 전달할 것이
다. 이제 코스 모델의 addCourses 메소드를 살펴보자. 해당 메소드는 models/
courses_model.php 파일에 존재한다.

```php
<?php

class Courses_Model extends Base_Model {
    public function __construct() {
        parent :: __construct();
    }

    public function addCourse($course) {
        ksort($course);
        $columns = implode(',', array_keys($course));
        $values = ':' . implode(', :', array_keys($course));

        $stmt = $this->db->prepare("INSERT INTO courses($columns)
            VALUES($values);");
        foreach ($course as $key => $value) {
            $stmt->bindValue(":$key", $value);
        }
        $stmt->execute();

        return $this->db->lastInsertId();
    }
}
```

위 코드는 코스 데이터를 매개변수로 받는 addCourse 메소드를 포함한다. 학생을 추가하는 과정과 비슷하게 코스 데이터를 키를 기준으로 정렬하고 열(칼럼) 데이터와 값 데이터를 생성한다. 그러고 나서 course_registry 데이터베이스에서 실행될 삽입 SQL 문을 준비한다. 성공적으로 삽입 연산이 일어나면, 마지막으로 삽입된 ID가 콘트롤러에 반환된다. 콘트롤러는 해당 ID를 뷰에 전달하고, 뷰는 새로운 코스가 성공적으로 추가되었음을 알리는 메시지를 출력한다.

이제 새로운 코스를 추가하기 위한 뷰를 살펴보자. 다음 코드는 views/courses/ add.php 파일에 해당한다.

```php
<div>
<?php
    if (isset ($this->id)) {
        echo "New course has been successfully added";
    }
?>

<form class="Frm" action="add" method="post">
    <ul>
        <li>
            <label>Course Name</label>
            <input name="name" placeholder="Enter Course Name">
        </li>
        <li>
            <label>Description</label>
            <textarea name="description" placeholder=
                "Enter Description"></textarea>
        </li>
        <li>
            <input type="submit" name="submit" value="Add Course">
        </li>
    </form>
</div>
```

위 코드는 코스 이름과 코스 설명에 해당하는 두 개의 필드를 지닌 HTML 폼을 포함한다. **Add Course** 버튼을 누르면 폼의 데이터는 add 액션에 전송된다.

그러고 나서 add 액션은 코스 모델의 addCourse 메소드에 데이터를 전달한다. addCourse 메소드는 해당 새로운 코스를 데이터베이스에 추가한다. 실행 결과는 다음과 같다.

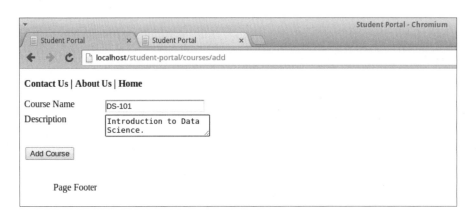

위의 그림은 새로운 코스인 DS-101을 데이터베이스에 추가하는 중임을 나타낸다. 다음 절에서 데이터베이스에서 사용 가능한 모든 코스의 목록을 생성하는 법을 살펴볼 것이다.

모든 코스 나열

이번 절에서 데이터베이스의 모든 코스를 페이지에 나열하는 데 집중할 것이다. 우선은 Courses 콘트롤러에 get 액션을 추가할 것이다. get 액션은 courses 모델이 제공하는 getCourses 메소드를 사용한다. getCourses 메소드로부터 데이터가 추출되고 나면, 해당 데이터는 controllers/courses.php 파일의 get 액션에서 get.php 뷰로 전달된다.

```
public function get($id=null){
    $this->view->course_data = $this->model->getCourses();
    $this->view->render('courses/get');
}
```

models/courses_model.php 파일의 코드는 다음과 같다.

```php
public function getCourses(){
    return $this->db->query("SELECT course_id, name,
        description FROM courses;")->fetchAll(PDO::FETCH_ASSOC);
}
```

views/courses/get.php 파일의 코드는 다음과 같다.

```php
<div id="getCourses">
    <table>
        <tr>
            <th>Course Id</th>
            <th>Course Name</th>
            <th>Description</th>
        </tr>
        <?php foreach($this->course_data as $course): ?>
        <tr>
            <td><?= $course['course_id']?></td>
            <td><?= $course['name']?></td>
            <td><?= $course['description']?></td>
        </tr>
        <?php endforeach; ?>
    </table>
</div>
```

이제 DS-101 코스가 목록에 표시되는지 확인하기 위해 해당 페이지를 브라우저에 로딩해보자. views/courses/get.php 파일의 실행 결과는 다음과 같다.

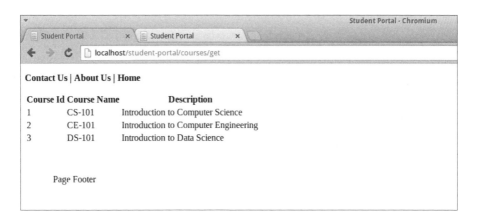

학생을 코스에 등록하기

이번 절에서 우리는 학생을 코스에 등록시킬 것이다. 사용자들은 학생 ID와 코스 ID를 통해 학생을 코스에 등록시킬 수 있다. 새로운 StudentsCourses 콘트롤러를 controllers 디렉토리에 추가할 것이다. StudentsCourses 콘트롤러를 인스턴스화할 때 다른 콘트롤러와 마찬가지로 StudentCourses 모델을 추가할 것이다. 다음 코드는 StudentsCourses 콘트롤러로 controllers/studentsCourses. php 파일에 해당한다.

```php
<?php
class StudentsCourses extends Base_Controller{
    public function __construct(){
        parent::__construct();
        $this->loadModel("studentsCourses");
    }

    public function register(){
        if(isset($_POST['submit'])){
            unset($_POST['submit']);
            $student_id = $_POST['student_id'];
            $course_id = $_POST['course_id'];
            $this->view->id = $this->model->registerStudentCourse
                ($student_id, $course_id);
        }
        $this->view->render('studentsCourses/register');
    }
}
```

register 액션을 사용해 코스에 학생을 등록한 다음 student_courses 테이블에 등록 정보를 추가할 것이다. register 액션은 전역 변수인 $_POST로부터 학생 ID와 코스 ID를 얻는다. 이러한 값들을 StudentCourses 모델이 제공하는 registerStudentCourse 메소드에 매개변수로 전달한다. 이제 models/studentsCourses_model.php 파일에 포함된 StudentCourses 모델의 registerStudentCourse 메소드를 살펴보자.

```php
<?php

class StudentsCourses_Model extends Base_Model{
    public function __construct(){
        parent::__construct();
    }

        public function registerStudentCourse
            ($student_id, $course_id){

        $stmt = $this->db->prepare("INSERT INTO students_course
            (student_id, course_id) VALUES(:student_id, :course_id)");
        $stmt->bindValue(":student_id",$student_id);
        $stmt->bindValue(":course_id",$course_id);
        $stmt->execute();
    }
}
```

위의 코드에서 registerStudentCourse 메소드는 학생 ID와 코스 ID를 매개변수로 받는다. 그리고 나서 학생을 코스에 등록할 삽입 SQL 문을 준비한다. 이제 views/studentsCourses/register.php 파일에 포함된 학생을 새로운 코스에 추가하는 뷰를 살펴보자.

```php
<div>
<?php
    if(isset($this->id)){
        echo "Student has been successfully registered for the course";
    }
?>

<form class="Frm" action="register" method="post">
    <ul>
        <li>
            <label>Course Id</label>
            <input name="course_id" placeholder="Enter Course Id">
        </li>
        <li>
            <label>Student Id</label>
            <input name="student_id" placeholder-"Enter Student Id"/>
        </li>
```

```
        <li>
            <input type="submit" name="submit" value="Register Course">
        </li>
    </ul>
</form>
</div>
```

위 코드는 사용자가 학생 ID와 코스 ID를 입력할 수 있는 두 개의 텍스트 상자를 제공한다. Register Course 버튼을 클릭하면 해당 학생은 해당 코스에 등록된다. 이제 실행 결과를 보기 위해 브라우저에서 위의 페이지를 실행해보자. 로딩할 페이지의 주소는 http://localhost/student-portal/studentsCourses/register이고 실행 결과는 다음과 같다.

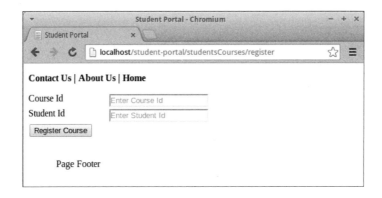

이제 학생을 코스에 등록하는 페이지가 만들어졌으니, 모든 등록 정보를 확인할 수 있는 화면을 만들어보자.

모든 등록 정보 확인

이번 절에서 course_registry 데이터베이스에 저장된 모든 등록 정보를 가져오는 화면을 만들 것이다. 우선 StudentCourses 콘트롤러에 get 액션을 추가한다. get 액션은 StudentCourses 모델이 제공하는 getStudentsCourses 메소드를 사용한다. getStudentsCourses 메소드로부터 데이터를 얻은 다음, 해당 데이터를 get 액션에서 get.php 뷰로 전달한다. 다음 코드는 controllers/studentsCourses.php 파일에 해당한다.

```php
public function get(){
    $this->view->studentsCourses_data =
        $this->model->getStudentsCourses();
    $this->view->render('studentsCourses/get');
}
```

다음 코드는 models/studentsCourses_model.php 파일에 해당한다.

```php
public function getStudentsCourses(){
    $stmt = $this->db->prepare("SELECT s.first_name, s.last_name,
        s.student_id, c.course_id, c.name as course_name
        FROM students_courses sc INNER JOIN students s ON
        sc.student_id=s.student_id INNER JOIN courses c ON
        sc.course_id=c.course_id");

    $stmt->execute();

    $studentsCourses = [];
    while($row = $stmt->fetch(PDO::FETCH_ASSOC)){
        $studentsCourses[] = $row;
    }

    return $studentsCourses;
}
```

다음 코드는 views/studentsCourses/get.php 파일에 해당한다.

```php
<div id="getStudentCourses">
    <table>
        <tr>
            <th>First Name</th>
            <th>Last Name</th>
            <th>Course Name</th>
        </tr>
        <?php foreach($this->studentsCourses_data as $
            studentCourseData): ?>
        <tr>
            <td><?= $studentCourseData['first_name']?></td>
```

```
        <td><?= $studentCourseData['last_name']?></td>
        <td><?= $studentCourseData['course_name']?></td>
      </tr>
      <?php endforeach; ?>
    </table>
</div>
```

이제 등록 정보를 가져다가 브라우저에 표시하는 데 필요한 스크립트를 추가했으니, 위 페이지를 브라우저에서 로딩해보자. 브라우저에서 해당 페이지를 로딩하기 위해 필요한 URL은 http://localhost/student-portal/studentsCourses/get이다. 실행 결과는 다음과 같다.

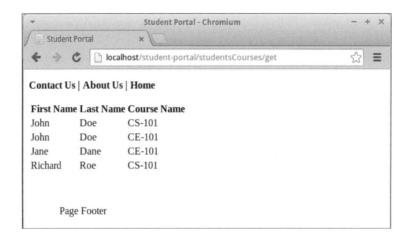

위의 실행 결과 화면은 course_registry 데이터베이스에 저장된 등록 정보 목록을 표시한다. 지금까지 학생 애플리케이션에 필요한 많은 작업들을 처리했다. 6장에서 다룰 비슷한 작업으로는 다음과 같은 것들이 있다.

● 학생을 코스에서 등록 취소하기

● 학생을 삭제하기

● 코스를 삭제하기

지금까지 학생 애플리케이션을 완성하는 데 필요한 기초적인 작업들을 성공적으로 수행했다. 앞에서 간단하게 언급은 했지만 살펴보지는 않았던 파일들에 대해 알아볼 차례다. 해당 파일들은 다음과 같다.

- **header.php**: 모든 페이지의 헤더 부분은 header.php 파일로부터 온다. header.php 파일을 부분 뷰 파일을 갖도록 나눌 수 있다. 해당 부분 뷰 파일은 페이지 이동 시스템을 포함하고, 페이지에 특정한 제목을 동적으로 받아들이는 역할을 할 수 있다. header.php 파일은 views/layouts 디렉토리에 위치한다.

- **footer.php**: 모든 페이지의 풋터 부분은 footer.php 파일로부터 온다. footer.php 파일은 views/layouts 디렉토리에 위치한다.

- **styles.css**: styles.css 파일은 학생 포털 애플리케이션의 주된 CSS 파일의 역할을 한다. 부분적인 또는 콘트롤러에 특정한 CSS 파일들을 구현한다면 더 좋을 것이다. styles.css 파일은 header.php 파일이 참조한다.

header.php 파일과 footer.php 파일은 모두 뷰를 생성하는 데 사용된다. 뷰 생성은 Base_View 라이브러리 클래스의 render 메소드에 의해 수행된다. 다음은 4장의 코드 모음에 포함된 파일과 폴더들의 구조다.

```
├── assets
│   └── css
│       └── styles.css
├── config.php
├── controllers
│   ├── courses.php
│   └── students.php
├── index.php
├── lib
│   ├── Base_Controller.php
│   ├── Base_Model.php
│   ├── Base_View.php
│   ├── Bootstrap.php
│   └── Database.php
├── models
│   ├── courses_model.php
│   └── students_model.php
└── views
    ├── courses
    │   ├── add.php
    │   └── get.php
    ├── layout
    │   ├── footer.php
    │   └── header.php
    └── students
        ├── add.php
        └── get.php
```

요약

4장에서 우리는 학생 추가, 학생 목록 표시, 코스 추가, 코스 목록 표시, 코스에 학생 등록, 데이터베이스에 저장된 등록 정보 표시가 가능한 학생 포털 애플리케이션을 만들었다. 또한 우리만의 MVC 프레임워크도 만들었다. 인터넷 등에서 다른 MVC 프레임워크를 찾을 수 있다. 실제 애플리케이션을 개발하는 데 있어서는, 기존에 널리 사용되고 있는 MVC 프레임워크를 사용할 것을 추천한다. 그러한 MVC 프레임워크는 철저히 테스트되었고 많은 사람들이 널리 사용하고 있기 때문이다. 4장에서 우리가 직접 만든 MVC 프레임워크는 기존 MVC 프레임워크의 기본 구조를 이해하는 데 도움이 되는 참고 자료로만 사용되어야 한다. 5장에서는 일반적인 파일 연산과 PHP에서 파일을 처리하는 법에 대해 알아볼 것이다.

5

파일 및 디렉토리 사용법

4장에서 학생 포털 애플리케이션을 만드는 데 필요한 기본 사항을 배웠다. 5장에서는 파일을 다루는 법에 대해 알아볼 것이다. PHP를 사용해 로컬에 저장된 파일과 원격 서버에 저장된 파일을 처리할 수 있다. 애플리케이션의 로그와 설정을 저장하는 데 파일이 자주 사용된다. 또한 파일은 한 애플리케이션에서 다른 애플리케이션으로 데이터를 전달하는 데도 사용된다. 5장에서는 파일로부터 데이터를 가져오는 법과 파일로 데이터를 내보내는 법에 대해 먼저 알아볼 것이다. 그러고 나서 두 가지 다른 로그를 남기는 방식에 대해 알아볼 것이다. 이때 파일을 처리하는 법에 대해 더 자세히 배우게 될 것이다.

데이터 가져오기

실제 애플리케이션에서 데이터는 다양한 출처로부터 사용되고, 많은 애플리케이션들이 데이터를 저장하기 위해 플랫 파일flat file을 사용한다. 이번 절에서는 학생에 관한 데이터를 담고 있는 파일을 처리해 해당 데이터를 course_registry 데이터베이스에 저장할 것이다. 데이터를 플랫 파일에 저장하는 데 주로 사용되는 다양한 포맷이 있다. 이러한 포맷은 하나의 항목을 다른 항목과 구분하기 위해 콤마나 탭, 스페이스와 같은 구분자를 사용한다. 가장 널리 사용되는 포맷은 CSVcomma separated values 포맷과 TSVtab separated values 포맷이다. 플랫 파일에 저장된 콤마가 구분자인 학생 데이터 목록을 처리할 것이다.

다음 코드는 students.csv 파일의 일부다.

```
George,Johnson,3225 Woodland Park Dr,Houston,TX,77087,george.johnson,
6579e96f76baa00787a28653876c6127
Charles,Davis,3225 Woodland Park Dr,Houston,TX,77087,charles.davis,
6579e96f76baa00787a28653876c6127
Edward,Moore,3225 Woodland Park Dr,Houston,TX,77087,edward.moore,
6579e96f76baa00787a28653876c6127
Brian,Anderson,3225 Woodland Park Dr,Houston,TX,77087,brian.anderson,
6579e96f76baa00787a28653876c6127
```

위 파일은 기존 students 테이블에 추가하고자 하는 4명의 학생 데이터를 담고 있다. 해당 데이터는 학생의 이름, 성, 주소, 시(city), 주(state), 우편번호, 사용자이름, 사용자 암호의 SHA1 해쉬를 포함한다. 위 파일을 가져오기 위해, 적어도 두 가지가 필요하다. 해당 파일을 업로드할 폼과 액션이 필요하다. 해당 액션은 업로드된 파일을 가져다가 데이터를 추출하고 course_registry 데이터베이스에 해당 데이터를 추가할 모델의 적절한 함수를 호출해야 한다.

우선 사용자가 해당 파일을 업로드할 수 있는 폼을 만들어보자. 파일 가져오기 기능이 자주 사용되지 않기 때문에 해당 폼이 링크를 클릭했을 때 나타나도록 토글이 가능하도록 만들어보자. ImportStudents 링크를 추가한 다음, 해당 링크에 토글 기능을 추가하여 해당 폼이 링크를 클릭 시 나타나도록 만들 것이다. 해당 링크와 폼을 get.php 뷰에 추가할 것이다.

다음 코드는 views/students/get.php 파일의 일부다.

```html
<div id="getStudent">
  <div id="importStudents">
    <p>
      <a id="importStudentsLink" href="#">Import Students</a>
    </p>
    <div style="clear:both"></div>
    <div id="importStudentsFrm" style="display:none;">
      <form action="/student-portal/students/import" method="post"
        enctype="multipart/form-data">
        <label for="file"></label>
        <input type="file" name="file" />
        <input type="submit" name="submit" value=
          "Import Students" />
      </form>
    </div>
  </div>
  <div id="message">
    <?php if (isset ($this->message)) : ?>
    <?=$this->message ?>
    <?php endif;?>
  </div>
  <table>
    <tr>
      <th>Student Id</th>
      <th>First Name</th>
      <th>Last Name</th>
    </tr>
    <?php foreach ($this->student_data as $student) : ?>
    <tr>
      <td><?=$student['student_id'] ?></td>
      <td><?=$student['first_name'] ?></td>
      <td><?=$student['last_name'] ?></td>
    </tr>
    <?php endforeach;?>
  </table>
</div>
```

우리는 기존 get.php 뷰의 몇 가지 부분을 변경했다. 우선, Import Students 링크를 추가했다. 해당 링크는 사용자가 학생 데이터를 업로드할 수 있는 업로드 폼을 표시하는 데만 쓰이기 때문에 href 속성에 값을 주지 않는다. 사용자가 파일을 선택한 다음 해당 파일을 서버에 업로드하기 위해 submit 버튼을 클릭하는 매우 간단한 업로드 폼을 사용한다. 파일을 업로드하기 위해 HTTP POST 방식을 사용하고 해당 데이터가 인코딩되고 POST 바디에 포함되어 서버에 전송되도록 multipart/form-data 인코딩 타입을 사용한다. 우리는 해당 데이터를 import 액션에 전달할 것이다. 우선 위의 뷰를 브라우저에 로딩하여 폼이 어떻게 표시되는지 살펴보자. 실행 결과는 다음과 같다.

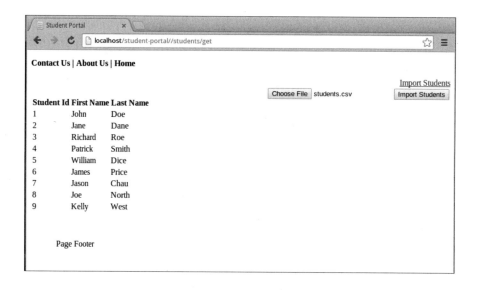

뷰 페이지를 브라우저에 로딩한 다음 Import Students 링크를 클릭하여 업로드 폼을 로딩했다. Choose File 버튼을 사용해 학생 데이터를 담고 있는 students.csv 파일을 선택한 다음, 해당 파일을 제출해보자. 제출 시에 해당 데이터는 서버에 전송된다.

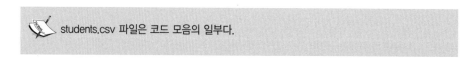

students.csv 파일은 코드 모음의 일부다.

144

해당 파일이 서버에 도착하면, 파일 처리가 어떤 식으로 이루어지는지 살펴보자. 다음 코드를 controllers/students.php 파일에 추가해야 한다.

```php
public function import(){
  if(isset($_POST['submit'])){
    if($_FILES['file']['error']==0){
      if (($handle = fopen($_FILES['file']['tmp_name'], 'r'))
        !== FALSE) {
        while (($data = fgetcsv($handle, 1000, ',')) !== FALSE) {
          $student['first_name'] = $data[0];
          $student['last_name'] = $data[1];
          $student['address'] = $data[2];
          $student['city'] = $data[3];
          $student['state'] = $data[4];
          $student['zip_code'] = $data[5];
          $student['username'] = $data[6];
          $student['password'] = $data[7];
          $this->model->addStudent($student);
        }
      }

      header('Location:'.BASE_URL.
        '/students/get?message=importSuccess');
    }
  }
}
```

위 코드는 students 콘트롤러에 가져오기import 액션을 추가한다. 가져오기 액션은 파일을 파싱하여 데이터를 추출하는 역할을 한다. 가져오기 액션은 우선 폼이 성공적으로 제출됐는지 확인한다. 그리고 나서 PHP가 제공하는 $_FILES 전역변수를 사용해 업로드된 파일 정보를 얻는다. 파일이 폼을 통해 업로드되면 해당 파일은 임시 디렉토리에 저장되고, 저장된 이후에 해당 파일을 영구적으로 저장할 수 있는 디렉토리로 해당 파일을 옮기기 위해 move_uploaded_file 함수를 주로 사용한다.

우리의 경우, 파일로부터 정보를 추출하는 데만 관심이 있기 때문에 해당 파일을 로컬에 저장하지 않는다. 임시 디렉토리의 파일에 대한 파일 리소스를 생성하고 해당 파일을 읽기 모드로 연다. CSV 파일을 업로드하기 때문에 PHP가 제공하는 fgetcsv 함수를 사용해 해당 파일로부터 정보를 추출한다. fgetcsv 함수를 사용해 한 번에 한 줄씩 읽어서 해당 데이터를 students 모델이 제공하는 addStudent 함수에 전달한다.

 fgetcsv 함수를 사용하기 전에 $_FILES['file']['type']를 사용해 업로드된 파일의 파일 타입을 검사하는 것이 좋다. 여기서는 학생 정보가 CSV 포맷으로 제공된다고 가정한다.

데이터를 students 테이블에 삽입하고 나면, PHP가 제공하는 헤더 함수를 사용해 사용자를 get 액션으로 페이지 이동시킬 것이다. 사용자를 get 액션으로 페이지 이동시킴으로써, 사용자가 학생 데이터가 성공적으로 추가됐는지 확인할 수 있다. students.csv 파일의 데이터가 어떤 식으로 처리되는지 이해했으니, 해당 파일을 업로드하고 데이터가 데이터베이스에 제대로 로딩됐는지 확인해보자. 실행 결과는 다음과 같다.

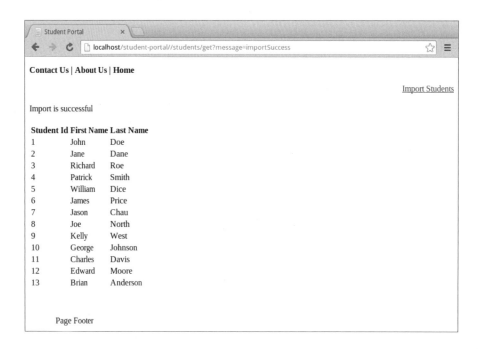

성공적으로 가져오기 작업이 끝나면, **Import is successful**(가져오기를 성공적으로 마쳤습니다)이라는 성공 메시지를 받을 것이다. 학생 목록을 통해 새로운 학생이 데이터베이스에 성공적으로 추가됐는지 검증할 수 있다.

데이터 내보내기

이전 절에서 데이터 가져오기를 통해 해당 데이터를 데이터베이스에 성공적으로 저장했으니, 데이터를 내보내는 과정을 살펴보자. 이번 절에서 우리는 데이터를 로컬 파일시스템의 파일로 내보내는 작업과 사용자가 해당 내보낸 파일을 다운로드할 수 있도록 허용하는 작업에 대해 살펴볼 것이다. get.php 뷰를 약간 수정하여 데이터를 내보내는 링크를 추가해보자. 다음 코드를 Import Students 링크를 담고 있는 단락 태그에 추가하자.

```
<a id="exportStudentsLink" href="export">Export Students</a>
```

위의 코드는 앞으로 추가할 export 액션에 대한 href 속성을 설정한다. export라는 이름에서 알 수 있듯이 export 액션을 사용해 학생 데이터를 CSV 파일로 내보내고 사용자가 해당 데이터를 다운로드받을 수 있게 할 것이다. export 액션에 대해 알아보기 전에 기존 코드의 세 가지 부분을 수정해야 한다. 첫 번째 수정사항은 루트 작업 디렉토리를 담고 있는 상수를 config.php에 추가하는 것이다. config.php는 설정 정보를 담고 있다.

```
define('ROOT_DIR', dirname(__FILE__));
```

위 코드는 __FILE__라는 상수를 사용해 현재 파일의 이름을 얻는다. 그리고 나서 PHP가 제공하는 dirname 함수를 사용해 루트 디렉토리의 경로를 얻는다. 그 다음 변경사항은 students_model의 getStudents 메소드를 다음과 같이 수정하여 students 테이블의 모든 열을 반환하도록 할 것이다.

```
public function getStudents(){
    return $this->db->query("SELECT * FROM students;")
        ->fetchAll(PDO::FETCH_ASSOC);
}
```

마지막으로 학생 포털 애플리케이션이 다음과 같이 controllers/students.php 파일에서 사용할 파일들을 저장할 files 디렉토리를 추가할 것이다.

```php
public function export(){
    $data = $this->model->getStudents();
    $handle = fopen(ROOT_DIR.'/assets/files/students.csv', 'w+');
    foreach ($data as $student) {
        fputcsv($handle, array($student['student_id'],
        $student['first_name'], $student['last_name'],
        $student['address'],$student['city'],$student['state']));
    }
    fclose($handle);

    header('Content-Disposition: attachment;
        filename="students.csv"');
    header('Content-Type:application/csv');

    readfile(ROOT_DIR.'/assets/files/students.csv');
}
```

export 액션은 우선 getStudents 메소드를 사용해 students 모델로부터 학생 데이터를 가져온다. 그리고 나서 ROOT_DIR 상수를 사용해 새로운 파일 핸들을 쓰기 모드로 연 다음, fputcsv 함수를 사용해 데이터를 CSV 포맷으로 추가한다. 이후에 사용자가 해당 파일을 다운로드할 수 있도록 브라우저에게 해당 파일이 첨부라는 것을 나타내는 HTTP 헤더를 설정한다. 또한 HTTP 헤더에 파일 이름도 설정한다. 해당 HTTP 헤더는 브라우저에게 전달되어 브라우저가 서버로부터 전달된 데이터가 어떤 콘텐트 타입인지 알 수 있다. readfile 함수를 사용해 파일로부터 정보를 얻어 브라우저에게 이를 전달한다.

로그 기록

마지막으로 살펴볼 파일 연산은 로그 기록이다. 우선 정보가 웹서버 로그에 어떻게 기록될 수 있는지를 살펴본 다음, 애플리케이션 전반에 걸쳐 사용될 수 있는 간단한 로그 기록 라이브러리를 만들 것이다. PHP가 제공하는 error_log 함수를 사용해 웹서버 로그 파일에 정보를 기록하자. 아래 예제의 경우, 로그로 남을 메시지를 추가하기 위해 이전 절에서 생성한 export 액션을 사용한다.

다음 코드는 controllers/students.php 파일에 추가되어야 한다.

```php
public function export(){
    $data = $this->model->getStudents();
    $handle = fopen(ROOT_DIR.'/assets/files/students.csv', 'w+');
    foreach ($data as $student) {
        fputcsv($handle, array($student['student_id'],
            $student['first_name'], $student['last_name'],
            $student['address'],$student['city'],$student['state']));
    }
    fclose($handle);
    header('Content-Disposition: attachment;
        filename="students.csv"');
    header('Content-Type:application/csv');

    readfile(ROOT_DIR.'/assets/files/students.csv');
    error_log('Students.csv has been successfully exported');
}
```

이제 Export Students 링크를 다시 클릭하여 학생 데이터를 내보내보자. 로그 메시지를 보려면 웹서버가 사용하는 error.log 파일을 열어야 한다. 아파치 웹서버의 경우 서버 로그가 /var/log/apache2 디렉토리에 저장된다. 실행 결과는 다음과 같다.

```
[Sun Mar 30 17:25:11.870341 2014] [:error] [pid 5439] [client
127.0.0.1:55111] Students.csv has been successfully exported, referer:
http://localhost/student-portal/students/get
```

한 가지 알아두어야 할 점은 애플리케이션은 어떤 메시지가 서버 로그에 기록되는지에 대해 변경할 수 있는 부분이 많지 않다는 것이다. 로그 기록은 프로토타입을 빠르게 만들거나 개발을 할 때 자주 사용된다. 어떤 디버깅 정보나 경고를 로그로 남기고 싶은 경우 해당 정보가 에러가 아님에도 에러로 기록된다. 로그 기록 구조를 제어하기 위해 간단한 로그 기록 클래스를 만들어서 디버깅 정보 메시지와 경고, 에러를 분명히 구분해보자. 로그 기록 라이브러리 파일 작업에 들어가기 전에 로그 파일이 저장될 디렉토리 경로를 다음과 같이 추가해보자.

define('LOG_PATH',ROOT_DIR.'/logs/');

우리는 이전 절에서 설정한 ROOT_DIR 상수를 사용해 로그를 저장할 디렉토리 경로를 만든다. 이제 로그 기록 라이브러리를 만들어보자. 해당 라이브러리의 경로는 lib/Logger.php이며 코드는 다음과 같다.

```php
<?php
class Logger {
    public function __construct() {
        $this->path = LOG_PATH;
    }

    private function log($type, $message) {
        $handle = fopen($this->path . "app.log", "a+");
        fwrite($handle, $type . " : " . $message . PHP_EOL);
        fclose($handle);
    }

    public function info($message) {
        $this->log("info", $message);
    }

    public function warn($message) {
        $this->log("warn", $message);
    }

    public function error($message) {
        $this->log("error", $message);
    }
}
```

Logger 라이브러리 클래스에 우선 생성자를 추가하고 해당 생성자 안에서 로그의 경로를 클래스 변수에 저장한다. 그러고 나서 클래스의 나머지 공개 로그 메소드에서 사용할 비공개 log 메소드를 추가한다. log 메소드는 두 개의 매개변수를 받는다. 첫 번째 매개변수는 로그 종류이고, 두 번째 매개변수는 로그 메시지다. log

메소드는 app.log 파일을 append 모드로 열어 해당 파일에 대한 파일 핸들을 얻는다. 이 파일 핸들을 사용해 로그의 종류와 메시지를 기록한다. 로그를 파일에 쓴 다음에는 해당 파일 핸들을 닫아야 한다. 이제 다른 래퍼wrapper 메소드들은 log 메소드를 사용할 수 있으며, 이때 log 메소드에 로그의 종류와 메시지를 전달한다. 이제 Logger 라이브러리를 만들었으니, Logger 라이브러리를 사용해 몇 가지 메시지를 로그로 남겨보자. Logger 클래스에 접근하기 위해서는 Base_Controller 라이브러리 클래스에서 Logger 클래스의 객체를 생성해야 한다.

```php
public function __construct(){
    $this->view = new Base_View();
    $this->logger = new Logger();
}
```

위 코드에서 우리는 Logger 라이브러리의 객체를 생성하고 해당 객체를 클래스 변수에 할당한다. 해당 클래스 변수는 Base_Controller 클래스를 확장하는 모든 클래스에서 사용할 수 있다. $this->logger 클래스 변수를 students 콘트롤러의 export 액션에서 사용해보자. error_log 함수를 호출하던 부분을 Logger 라이브러리가 제공하는 info 메소드 호출로 변경해보자. 변경된 코드는 다음과 같다.

```php
public function export(){
    $data = $this->model->getStudents();
    $handle = fopen(ROOT_DIR.'/assets/files/students.csv', 'w+');
    foreach ($data as $student) {
        fputcsv($handle, array($student['student_id'],
            $student['first_name'], $student['last_name']
            ,$student['address'],$student['city'],$student['state']));
    }
    fclose($handle);

    header('Content-Disposition: attachment;
        filename="students.csv"');
    header('Content-Type:application/csv');

    readfile(ROOT_DIR.'/assets/files/students.csv');
    $this->logger->info("Students.csv has been successfully
        exported");
}
```

export 액션에서 error_log 함수를 호출하는 부분을 Logger 라이브러리가 제공하는 info 메소드를 호출하도록 변경했을 뿐이다. 이제 학생 데이터를 한 번 더 내보내서, 메시지가 logs 디렉토리의 app.log 파일에 로그로 남았는지 확인해보자. 실행 결과는 다음과 같다.

```
info : Students.csv has been successfully exported
```

이제 우리는 Logger 라이브러리가 어떤 식으로 동작하는지 이해했다. 실제 개발할 때 애플리케이션의 로그를 남기는 목적으로는 log4php와 같은 서드파티3rd party 라이브러리를 사용할 것을 권한다.

요약

5장에서 파일을 가져오고 파일을 내보내는 방법에 대해 알아봤다. 그리고 나서 애플리케이션에서 로그를 남기는 과정이 어떤 식으로 동작하는지도 알아봤다. 6장에서는 인증과 권한 제어에 대해 알아볼 것이다.

6 인증 및 접근 제어

5장에서 파일로부터 데이터를 가져오거나 정보를 파일로 내보내거나 파일에 데이터를 로그로 남기는 등의 기본 파일 연산을 알아봤다. 6장에서는 인증 및 접근 제어를 어떻게 구현할 수 있는지에 대한 기본 사항에 대해 알아볼 것이다. 학생 포털 애플리케이션은 크게 세 가지 작업을 수행한다. 첫째, 학생을 추가하고, 두 번째로, 코스를 추가하고, 세 번째로, 학생을 코스에 등록한다. 지금까지 이러한 연산을 모두 수행할 수 있는 사용자가 하나 존재한다고 가정했다. 6장에서는 세션 처리, 접근 제어, 사용자 역할 설정을 수행할 수 있도록 수정할 것이다. 세션을 사용해 사용자 데이터를 유지하고 사용자가 로그인했을 때 맞춤화된 경험을 제공할 것이다. 6장에서 다루는 주제는 다음과 같다.

- 인증
- 접근 제어
- 사용자 역할

인증

사용자 정보를 추적하고 쿠키cookie에 저장하는 것은 매우 일반적이다. 하지만 쿠키가 클라이언트 측에 저장되기 때문에, 우리는 사용자 정보를 저장하고 사용자 인증 이후에 사용자 정보를 웹 애플리케이션 전반에 걸쳐 사용할 수 있도록 하기 위해 세션을 사용할 것이다. 제출된 데이터가 유효한지 결정하기 위해 인증을 사용할 것이다. 인증 시에 필요한 사용자 정보를 세션 변수에 로딩한 다음 필요할 때마다 해당 정보를 사용할 것이다. 학생 포털의 인증을 만들기 위해 우선 인증을 지원하기 위한 라이브러리 파일을 생성할 것이다.

다음 코드를 사용해 lib/Session.php 파일을 생성하자.

```php
<?php

class Session {

  public static function init() {
    session_start();
  }
  public static function destroy() {
    session_destroy();
  }

}
```

위 코드의 Session 라이브러리는 init과 destroy라는 두 가지 메소드를 포함한다. init 함수와 destroy 함수는 PHP가 제공하는 session_start 함수와 session_destroy 함수를 사용한다. 이름에서 알 수 있듯이 세션은 session_start 함수가 수행되면 시작된다. 이때 웹서버에 의해 고유한 세션 구분자가 생성되며 이는 세션을 구분하는 데 사용된다. 특정 세션에 대한 세션 변수를 얻거나 설정하기 위한 요청이 있을 때마다 웹서버는 해당 세션을 구분하기 위해 세션 ID를 필요로 한다. Session 라이브러리의 두 번째 메소드인 destroy는 현재 세션을 종료하는 session_destroy 함수를 호출한다. 이제 세션을 생성하는 법과 종료하는 법을 알았으니 세션 변수를 설정하고 얻는 유틸리티 메소드를 만들어보자.

```php
public static function set($key, $value)
{
    $_SESSION[$key] = $value;
}

public static function get($key)
{
    if(isset($_SESSION[$key])){
        return $_SESSION[$key];
    }
    else{
        return false;
    }
}
```

위의 코드는 $_SESSION 전역 변수에 세션 변수를 설정하는 set 메소드를 포함한다. 세션 변수는 파일에 직렬화된 객체로 저장되고, 이 파일은 기본값으로 /tmp 디렉토리에 저장된다. 세션을 저장해야 할 디렉토리를 명시적으로 지정하고 싶다면, /etc/php5/apache2/php.ini 파일을 다음과 같이 변경해야 한다.

```
session.save_path = "/var/apache2/sessions"
```

다음으로 작업할 메소드는 $_SESSION 전역변수로부터 세션 변수 값을 얻는 get 메소드이다. $_SESSION 전역변수는 세션 변수를 담고 있으며 웹 애플리케이션 어디서나 해당 변수를 사용할 수 있도록 해준다. 이제 Session 라이브러리를 만들었으니 로그인 기능을 처리하기 위해 Session 라이브러리를 사용하는 login 콘트롤러를 만들어보자. login 콘트롤러는 사용자가 사용자이름과 암호를 제출할 수 있는 페이지를 포함한다. 또한 login 콘트롤러는 로그인과 로그아웃을 처리하는 유틸리티 함수를 포함한다. 다음 코드는 Base_Controller 클래스를 확장하는 Login 콘트롤러를 포함한다.

```php
<?php
class Login extends Base_Controller {

    function __construct() {
        parent :: __construct();
```

```
    Session :: init();
    $this->loadModel('login');
  }

  function index() {
    $username = Session :: get('username');
    $this->view->username = $username ? $username : '';
    $this->view->message = isset ($_GET['message']) ?
      $_GET['message'] : '';
    $this->view->render('login/index');
  }

  function runLogout() {
    Session :: destroy();
    header('Location: ' . BASE_URL .
      'login/index?message=' . urlencode('logout success'));
  }

  function runLogin() {
    $username = $_POST['username'];
    $password = $_POST['password'];
    $this->model->login($username, $password);
  }
}
```

login.php 파일의 생성자는 Session 라이브러리의 init 메소드를 사용해 세션을
시작하거나 기존 세션을 이어나간다. 또한 loadModel 메소드를 사용해 login 모
델을 로딩한다. index 액션은 우선 username이 세션 변수의 일부인지 여부를 확
인한다. Login 콘트롤러를 위한 다음 index 뷰를 살펴보자.

```
<h1>Login</h1>
<?php
  echo 'This is the username of the logged in user: '.
    $this->username;
  echo '<br />';
  echo 'This is the message: '.$this->message;
  echo '<br />';
?>
<form class="Frm" action="runLogin" method="post">
```

```
  <ul>
    <li>
      <label>Username</label>
      <input name="username" placeholder="Enter User Name">
    </li>
    <li>
      <label>Password</label>
      <input name="password" type="password" placeholder=
        "Enter Password">
    </li>
  </ul>
  <input type="submit" name="submit" value="Login">
  </li>
</form>
```

index.php 파일은 사용자가 사용자이름과 암호를 입력할 수 있는 매우 간단한 로그인 폼이다. 폼 제출 시 데이터는 Login 콘트롤러의 runLogin 메소드로 전달된다. runLogin 메소드는 전달된 데이터를 얻어서 Login_Model의 login 메소드에 전달한다. Login_Model 메소드를 통해 데이터베이스에 해당 사용자가 존재하는지와 입력된 사용자이름과 암호 조합에 해당하는 조합이 데이터베이스에 있는지 확인하기 위해 해당 데이터를 어떻게 처리하는지 이해해보자. 다음 코드는 login 메소드를 포함하는 Login_Model 클래스를 포함한다. models/login_model.php 파일을 다음과 같이 수정하자.

```php
<?php

class Login_Model extends Base_Model {
  public function __construct() {
    parent :: __construct();
  }

  public function login($username, $password) {
    $st = $this->db->prepare("SELECT username FROM students WHERE
      username = :username AND password = :password");
    $st->execute(array(
      ':username' => $username,
      ':password' => SHA1($password)
      ));
```

```
$data = $st->fetch(PDO :: FETCH_ASSOC);
$hasData = $st->rowCount();

if ($hasData > 0) {
  Session :: set('loggedin', true);
  Session :: set('username', $data['username']);
  header('Location:' . BASE_URL . 'students/get?message=
      ' . urlencode('login successful'));
}
else {

  header('Location:' . BASE_URL .
      'login/index?message=' . urlencode('login failed'));
}
  }
}
```

login 메소드는 사용자이름과 암호를 받아서, 전달받은 사용자이름과 암호를 가지고 학생 테이블에 쿼리를 던진다. 사용자이름이 쿼리의 결과로 반환되면 해당 사용자가 로그인됐음을 나타내기 위해 사용자이름과 플래그를 세션 데이터에 설정한다. 세션 변수를 설정한 다음, 해당 사용자를 students/get 페이지로 페이지 이동시키고, 로그인에 실패한 경우 다시 로그인을 시도할 수 있도록 해당 사용자를 로그인 페이지로 페이지 이동시킨다. 이제 로그인 페이지에서 사용자이름 John Doe로 로그인해보자. 다음은 로그인 페이지 화면이다.

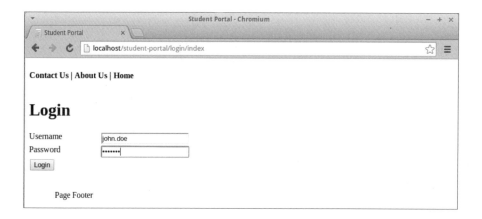

마지막으로 변경해야 할 부분은 runLogout 메소드를 사용하는 로그아웃 링크를 헤더에 추가하는 것이다. runLogout 메소드는 Session 라이브러리의 destroy 메소드를 사용한다. 다음 코드는 현재 로그인한 사용자의 사용자이름을 추가하고, 해당 사용자가 로그아웃할 수 있도록 헤더에 로그아웃 링크를 추가한다. 다음 코드와 같이 views/layout/header.php 파일을 수정해보자.

```
<header>
  <p class="iblk">Contact Us | About Us | Home</p>
  <?php if(Session::get("loggedin")): ?>
  <p class="iblk log"><?= Session::get("username")." | "?>
    <a href=<?= BASE_URL."login/runLogout"?>>Logout</a></p>
  <?php endif;?>
</header>
```

다음 화면은 사용자가 로그인한 이후의 화면이다.

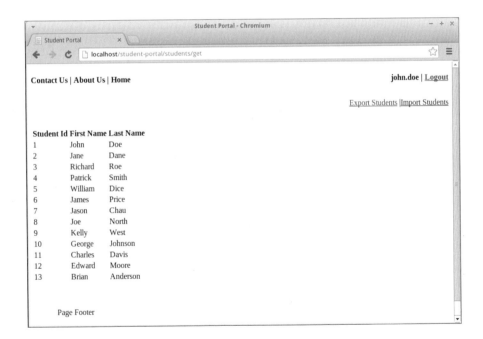

이제 성공적으로 사용자 로그인 기능을 추가했으니, 애플리케이션에서 사용자가 접근 가능한 부분을 정의하고 접근하지 말아야 할 부분을 막아보자. 다음 절에서 알아볼 두 가지 예는 다음과 같다.

- 학생으로 로그인한 사용자는 코스를 추가할 수 없다.
- 학생은 자기 자신만 코스에 등록할 수 있고, 다른 학생을 코스에 등록시킬 수 없다.

접근 제어

이번 절에서는 학생으로 로그인한 사용자의 접근을 제한할 것이다. 이를 위해 몇 가지 사항을 변경할 것이다. 첫째로, 사용자에 대한 추가적인 정보를 담을 수 있는 새로운 세션 변수를 추가할 것이다. 이러한 변수를 Login_Model 클래스의 login 메소드에 추가할 것이다. 다음 코드는 사용자이름과 학생 ID를 얻기 위해 수정된 SQL을 포함한다. 그리고 나서 models/login_model.php 파일에서 세션 변수에 학생 ID를 추가한다.

```
public function login($username, $password){
    $st = $this->db->prepare("SELECT student_id, username FROM
        students WHERE username = :username AND password
        = :password");
    $st->execute(array(
        ':username' => $username,
        ':password' => SHA1($password)
        ));

    $data = $st->fetch(PDO::FETCH_ASSOC);
    $hasData = $st->rowCount();

    if($hasData >0){
        Session::set('loggedin',true);
        Session::set('username',$data['username']);
        Session::set('role','student');
        Session::set('student_id', $data['student_id']);
```

```
            header('Location:'. BASE_URL. 'students/
                get?message='.urlencode('login successful'));
    }
    else{

            header('Location:'. BASE_URL. 'login
                /index?message='.urlencode('login failed'));
    }
}
```

위의 로그인 메소드에서 세 번째로 변경한 사항은 세션 변수에 역할을 추가한 것
이다. 현재 한 종류의 사용자(학생)만 존재하기 때문에 그냥 사용자를 바로 추가했
다. 다음 절에서 역할 관련된 부분을 더 자세히 알아볼 것이다. 이제 학생 정보를
세션 변수에 추가했으니 Courses 콘트롤러의 add 액션을 변경해보자. 다음 코드
는 현재 로그인한 사용자의 역할을 얻는다. controllers/courses.php 파일을 다
음과 같이 변경한다.

```
public function add(){
    $role = Session::get('role');

    if($role && $role!='student'){
        if(isset($_POST['submit'])){
            unset($_POST['submit']);
            $this->view->id = $this->model->addCourse($_POST);
        }

        $this->view->render('courses/add');
    }
    else{
        header('Location:'.BASE_URL.'students/get?message='
            .urlencode('Students cannot add courses'));
    }
}
```

위의 코드에서 사용자가 코스를 추가할 수 있는 뷰를 표시하기 전에 조건문을
통해 로그인한 사용자가 학생인지 검사한다. 사용자가 학생인 경우 사용자는
Students 콘트롤러의 get 액션으로 다시 페이지 이동을 한다. get 액션은 다음과

같이 화면에 Students cannot add courses(학생은 코스를 추가할 수 없습니다)라는 메시지를 출력한다.

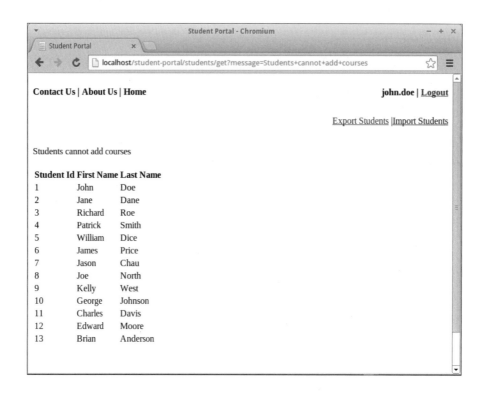

위의 결과로부터 사용자는 Courses 콘트롤러의 add 액션에 접근하려 했고 결과 Students 콘트롤러의 get 액션으로 페이지 이동되었다는 것을 알 수 있다. 이제 학생들이 자신을 제외한 다른 학생들을 코스에 등록할 수 없도록 권한을 제어해보자. 현재 애플리케이션에서는 이에 대한 접근 제어를 하고 있지 않기 때문에 한 학생이 다른 학생을 코스에 등록시킬 수 있다. 세션 변수에 저장된 학생 ID를 사용해 이러한 문제를 해결할 것이다. 우선 StudentsCourses 콘트롤러의 register 액션을 수정할 것이다. 다음 controllers/studentsCourses.php 파일의 코드에서 우리는 세션으로부터 학생의 역할을 얻는다.

```php
public function register(){

    if(isset($_POST['submit'])){
        unset($_POST['submit']);
        $student_id = $_POST['student_id'];
        $course_id = $_POST['course_id'];
        $this->view->id = $this->model->registerStudentCourse
        ($student_id, $course_id);
    }

    $role = Session::get('role');

    if($role == 'student'){
        $this->view->student_id = Session::get('student_id');
    }

    $this->view->role = $role?$role:'';
    $this->view->render('studentsCourses/register');
}
```

해당 사용자에 대한 세션 변수에 역할이 존재하면, 해당 역할이 반환된다. 존재하지 않는 경우에는 `false`가 반환된다. 역할을 얻은 다음 해당 사용자가 학생인지 확인한다. 학생인 경우, 해당 사용자의 학생 ID를 얻어서 뷰에 전달한다. 이제 사용자가 다른 사용자를 등록하지 못하도록 제한하기 위해 뷰를 수정해보자. 다음 코드는 views/studentsCourses/register.php 파일에 해당하며, 학생 ID를 라벨에 출력하여 로그인한 사용자가 직접 학생 ID를 수정하거나 다른 사용자를 코스에 등록하는 것을 막는다.

```php
<div>
<?php
if(isset($this->id)){
    echo "Student has been successfully registered
        for the course";
}
?>
    <form class="Frm" action="register" method="post">
        <ul>
            <li>
```

```
            <label>Course Id</label>
            <input name="course_id" placeholder="Enter Course Id">
        </li>
        <li>
            <label>Student Id</label>
            <?php if($this->role != 'student'):?>
            <input name="student_id" placeholder="Enter Student Id"/>
            <?php else: ?>
            <label><?= $this->student_id ?></label>
            <input name="student_id" type="hidden" value
                =<?= $this->student_id?>/>
            <?php endif;?>
        </li>
        <li>
            <input type="submit" name="submit" value="Register Course">
        </li>
    </ul>
  </form>
</div>
```

이제 변경이 제대로 됐는지 실행 결과를 확인해보자.

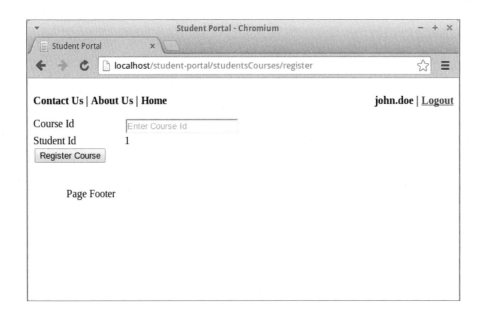

실행 결과로부터 학생 ID 필드가 텍스트박스가 아니기 때문에 로그인한 사용자가
다른 사용자를 등록할 수 없음을 알 수 있다.

 학생 ID 필드를 텍스트박스에서 숨겨진 입력 값으로 변경했다. 이는 로그인한 사용자가 코
스에 등록하기 전에 학생 ID를 변경하는 것을 완벽히 막지는 못한다. 9장에서 클라이언트
단이 아닌 서버 단에서 이를 확인하여 해당 문제를 해결할 것이다.

이제 접근 규칙을 만들었으니 관리자 역할을 추가해보자. 다음 절에서는 다음 두
가지 예를 알아볼 것이다.

- 코스 추가하기
- 학생을 코스에 등록하기

사용자 역할

이번 절에서는 학생 포털 전반에 접근 권한이 있는 관리자를 생성할 것이다. 관리
자는 코스를 추가하고 학생을 코스에 등록시키는 등의 작업을 수행할 수 있다. 우
선 관리자를 몇 명 생성해보자. 관리자의 정보를 저장하는 admin 테이블을 생성할
것이다. 다음 스크립트는 admin 테이블을 생성하고 두 명의 관리자를 추가한다.
다음 스크립트는 assets/sql/admin.sql 파일에 해당한다.

```
CREATE TABLE IF NOT EXISTS 'admin' (
    'admin_id' int(11) NOT NULL AUTO_INCREMENT,
    'name' varchar(45) NOT NULL,
    'username' varchar(45) NOT NULL,
    'password' varchar(45) NOT NULL,
    PRIMARY KEY ('admin_id')
) ENGINE=InnoDB DEFAULT CHARSET=latin1 AUTO_INCREMENT=3 ;

--
-- 'admin' 테이블에 데이터 채우기
--
```

```
INSERT INTO 'admin' ('admin_id', 'name', 'username', 'password')
VALUES
(1, 'admin1', 'admin1', '5f4dcc3b5aa765d61d8327deb882cf99'),
(2, 'admin2', 'admin2', '5f4dcc3b5aa765d61d8327deb882cf99');
```

이제 관리자를 추가했으니 학생과 관리자 모두 로그인할 수 있도록 로그인 뷰를 수정해보자. views/login/index.php 파일에는 현재 두 개의 역할만 존재하기 때문에 관리자가 플래그를 설정할 수 있도록 체크박스를 추가한다.

```
<h1>Login</h1>
<?php
    if(Session::get("loggedin")){
        echo 'This is the username of the logged in user: '.
            $this->username;
        echo '<br />';
    }

    if($this->message){
        echo 'This is the message: '.$this->message;
        echo '<br />';
    }
?>
<form class="Frm" action="runLogin" method="post">
    <ul>
    <li>
        <label>Username</label>
        <input name="username" placeholder="Enter User Name">
    </li>
    <li>
        <label>Password</label>
        <input name="password" type="password" placeholder=
            "Enter Password">
    </li>
    <li>
        <label>Admin Login</label>
        <input type="checkbox" name="IsAdmin" />
    </li>
    <li>
```

```
        <input type="submit" name="submit" value="Login">
    </li>
</form>
```

위의 코드는 사용자가 관리자 권한으로 로그인할 수 있도록 로그인 폼에 리스트 항목을 추가한다. 사용자가 admin 테이블에 존재하지 않는다면 해당 사용자는 관리자로 로그인할 수 없다. 이제 관리자로 로그인할 수 있도록 Login_Model 클래스를 수정해보자. 다음 코드는 models/login_model.php 파일에 해당한다.

```php
<?php

class Login_Model extends Base_Model{
    public function __construct(){
        parent::__construct();
    }

    public function login($username, $password,$type){
        $st = $this->db->prepare($this->buildQuery($type));
        $st->execute(array(
            ':username' => $username,
            ':password' => SHA1($password)
        ));

        $data = $st->fetch(PDO::FETCH_ASSOC);
        $hasData = $st->rowCount();

        if($hasData >0){
            $this->setSessionVariables($data, $type);
            header('Location:'. BASE_URL. 'students/get?message=
                '.urlencode('login successful'));
        }
        else{
            header('Location:'. BASE_URL. 'login/index?message=
                '.urlencode('login failed'));
        }
    }

    private function buildQuery($type){
```

```
        $id = $type.'_id';
        $table = $type;
        return "SELECT $id, username FROM $table WHERE username =
            :username AND password = :password";
    }

    private function setSessionVariables($data, $type){
        Session::set('loggedin',true);
        Session::set('username',$data['username']);
        Session::set('role',$type);
        Session::set($type.'_id', $data[$type.'_id']);
    }
}
```

위의 코드에서 우리는 코드를 리팩토링하여 여러 메소드로 나누었다. 메소드들은
쿼리를 동적으로 생성하는 과정을 처리한다. 로그인에 성공한 경우 사용자 정보를
세션 변수에 저장한다. 이제 관리자가 코스를 추가할 수 있는지 확인해보자. 실행
결과는 다음과 같다.

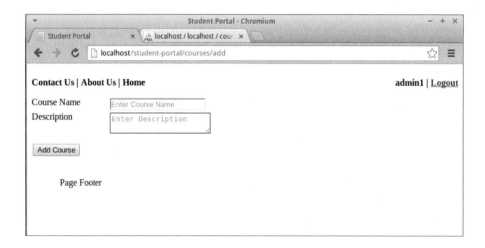

실행 결과로부터 관리자가 코스를 추가할 수 있는 권한이 있음을 알 수 있다. 이제
관리자가 아무 학생이나 코스에 추가할 수 있는 권한이 있는지 확인해보자. 실행
결과는 다음과 같다.

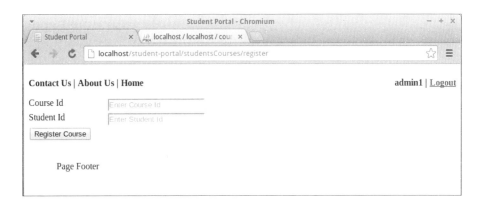

실행 결과로부터 관리자가 어떤 학생이든 코스에 등록할 수 있음을 알 수 있다. 또한 우리는 이를 최소한의 수정을 통해 구현했다. 현재 두 종류의 사용자가 존재하지만, 사용자 종류가 늘어나면 이러한 변경은 귀찮은 작업이 될 것이다. 이러한 정보를 담기 위해 ACLAccess Control Lists를 사용할 것을 권장한다. ACL은 주로 데이터베이스에 저장되고, 페이지 로딩이나 초기 로그인 시 사용자의 접근 권한 종류를 파악하는 데 사용된다.

요약

6장에서 인증과 권한 제어에 대해 알아봤다. 학생 포털의 다양한 페이지들에서 학생 정보가 어떤 식으로 사용되는지 이해하기 위해 인증과 세션을 알아봤다. 그리고 나서 로그인한 사용자가 어느 정도의 접근을 할 수 있는지를 정의할 수 있는 접근 제어에 대해 알아봤다. 그리고 나서 다른 역할을 지닌 사용자가 다른 접근 권한을 지닐 수 있도록 사용자 역할이라는 개념에 대해 알아봤다. 7장에서는 다양한 종류의 캐싱과 캐싱이 애플리케이션에서 어떤 식으로 유용하게 사용되는지에 대해 알아볼 것이다.

7

캐싱

6장에서 인증과 접근 제어의 기초를 배웠다. 먼저 사용자가 학생 포털에 인증되는 방식을 배운 다음, 사용자에 대한 권한 허용을 설정했다. 사용자 역할에 따라 사용자가 어디에 접근할 수 있고 어디에 접근할 수 없는지를 정하기 위해 다양한 사용자 역할을 생성했다. 7장에서는 우리가 다룰 데이터를 캐싱하는 다양한 방식에 대해 알아볼 것이다. 애플리케이션이 계속해서 커지고 학생 포털에 접근하는 사용자의 수도 계속 증가하기 때문에 애플리케이션 확장에 대해 고민해야 한다. 애플리케이션은 다음과 같이 다양한 방식으로 확장 가능하다.

- 하드웨어 추가
- 네트워크 최적화
- 성능 향상을 위한 코드 리팩토링 또는 성능 튜닝
- 데이터베이스와 파일시스템 호출 횟수 줄이기

7장에서는 데이터베이스와 파일시스템 호출 횟수를 줄이는 방식을 다룰 것이다. 코드 리팩토링과 성능 튜닝에 관해서는 10장에서 알아볼 것이다. 나머지 두 가지 방식은 이 책이 다루는 범위를 벗어나므로 다루지 않을 것이다.

캐싱이란

캐싱은 자주 사용되는 데이터를 임시로 메모리에 저장함으로써 해당 데이터의 가용성을 매우 높이는 과정이다. 덕분에 데이터 추출 시 디스크가 아닌 메모리를 이용하기 때문에 요청에 대해 더 빠르게 응답할 수 있다. 다음과 같이 세 가지 종류의 캐싱이 있다.

* 데이터베이스 캐싱
* 애플리케이션 캐싱
* 콘텐트 캐싱

데이터베이스 캐싱에 대해 먼저 알아보자.

데이터베이스 캐싱

애플리케이션의 모든 데이터는 MariaDB에 저장된다. 사용 가능한 학생 목록을 얻기 위해 요청이 들어오면, `course_registry` 데이터베이스에 쿼리를 던진다. 한 번에 하나의 쿼리를 수행하는 것이 간단하지만, 많은 사람들이 애플리케이션을 사용하면 동시 접속자도 더 많아질 것이다. 데이터베이스에 대한 동시 접속개수가 많아지면 데이터베이스 서버가 이러한 부하를 처리할 수 있도록 최적화되어야 한다. 이번 절에서는 데이터베이스에서 수행될 수 있는 다양한 종류의 캐싱에 대해 알아볼 것이다. 우선 쿼리 캐싱에 대해 알아보자. MariaDB에서는 기본 설정으로 쿼리 캐싱을 사용할 수 있다. 쿼리 캐싱을 사용할 수 있는지 확인하기 위해 `have_query_cache` 전역 변수를 사용할 것이다.

전역 변수는 MariaDB 서버의 전반적인 연산에 영향을 미치는 시스템 변수 중 하나다.

SHOW VARIABLES 명령어를 사용해 PC에 설치된 MariaDB에서 쿼리 캐시가 있는
지 알아보자.

```
MariaDB [(none)]> show variables like 'have_query_cache';
+------------------+-------+
| Variable_name    | Value |
+------------------+-------+
| have_query_cache | YES   |
+------------------+-------+
1 row in set (0.00 sec)
```

이제 쿼리 캐시가 있는 것을 알았으니, 쿼리 캐시가 켜져 있는지 알아보자. 이를
위해 query_cache_type 전역 변수를 사용할 것이다.

```
MariaDB [(none)]> show variables like 'query_cache_type';
+------------------+-------+
| Variable_name    | Value |
+------------------+-------+
| query_cache_type | ON    |
+------------------+-------+
1 row in set (0.00 sec)
```

위의 쿼리를 통해 쿼리 캐시가 켜져 있다는 사실을 알았다. query_cache_size 명
령어를 사용해 쿼리 캐시에 할당된 메모리를 살펴보자.

```
MariaDB [(none)]> show variables like 'query_cache_size';
+------------------+----------+
| Variable_name    | Value    |
+------------------+----------+
| query_cache_size | 67108864 |
+------------------+----------+
1 row in set (0.00 sec)
```

쿼리 캐시 크기가 현재 64MB로 설정되어 있다. 쿼리 캐시 크기를 128MB로 수정
해보자.

쿼리 캐시는 쿼리가 업데이트될 때마다 플러시(flush)된다는 것을 숙지해야 한다. 진짜 큰 시스템은 캐시가 크면 좋을 것이다. 하지만 쿼리 캐시의 결과를 측정하려면 철저한 테스트를 해야 한다.

다음 화면은 SET GLOBAL 구문의 사용법을 나타낸다.

```
MariaDB [course_registry]> set global query_cache_size=134217728;
Query OK, 0 rows affected (0.00 sec)

MariaDB [course_registry]> show variables like 'query_cache_size';
+------------------+-----------+
| Variable_name    | Value     |
+------------------+-----------+
| query_cache_size | 134217728 |
+------------------+-----------+
1 row in set (0.00 sec)
```

query_cache_size 명령어의 값을 값을 정하기 위해 SET GLOBAL 구문을 사용했다. 그러고 나서 query_cache_size 명령어의 값을 재로딩하여 값이 변경됐는지 확인했다. 이제 쿼리 캐시도 켜져 있고 동작하는 것을 확인했으니, 쿼리가 얼마나 자주 캐싱되는지에 대해 알아보기 위해 몇 가지 통계를 살펴볼 것이다.

해당 정보를 얻기 위해 다음과 같이 Qcache 변수를 알아볼 것이다.

```
MariaDB [course_registry]> SHOW STATUS LIKE 'Qcache%';
+-------------------------+-----------+
| Variable_name           | Value     |
+-------------------------+-----------+
| Qcache_free_blocks      | 1         |
| Qcache_free_memory      | 134208728 |
| Qcache_hits             | 44        |
| Qcache_inserts          | 1         |
| Qcache_lowmem_prunes    | 0         |
| Qcache_not_cached       | 77        |
| Qcache_queries_in_cache | 0         |
| Qcache_total_blocks     | 1         |
+-------------------------+-----------+
8 rows in set (0.00 sec)
```

위의 실행 결과로부터 쿼리 캐시에 대한 통계를 얻을 수 있다. 한 가지 확인해야 할 것은 Qcache_not_cached 변수의 값이 높다는 점이다. 이는 프리페어드 문prepared statement 사용 때문이다. 프리페어드 문은 MariaDB에서 캐싱되지 않는다. 또 하나 주의 깊게 봐야 할 변수는 Qcache_lowmem_prunes 변수다. Qcache_lowmem_prunes 변수는 메모리가 낮아서 삭제된 쿼리의 개수를 나타낸다. 이를 통해 쿼리 캐시 크기를 늘려야 할지 결정할 수 있다.

위의 통계치로부터 우리가 프리페어드 문을 사용하는 한 쿼리가 데이터베이스 서버에 캐싱되지 않을 것이라는 점을 알 수 있다. 따라서 우리는 경우에 따라 프리페어드 문과 일반 SQL 문을 조합해서 사용해야 한다. 이제 쿼리 캐시에 대해 어느 정도 이해했으니 MariaDB가 제공하는 다른 캐시에 대해 알아보자. 다른 캐시로는 테이블 오픈table open 캐시, 조인join 캐시, 메모리 스토리지memory storage 캐시가 있다. 테이블 오픈 캐시를 사용하면 찾아보기를 더 빠르게 하기 위해 얼마나 많은 테이블을 연 채로 놔둘 것인지 정할 수 있다. 이는 한 테이블에 아주 많은 요청이 있는 경우에 테이블을 매 요청마다 열 필요가 없기 때문에 매우 유용하다. 조인 버퍼 캐시는 전체 조인을 수행하는 쿼리에 주로 사용된다. 전체 조인의 경우, 다음 테이블의 행을 찾기 위해 사용할 인덱스가 없기 때문이다. 보통 인덱스는 이러한 문제를 피하는 데 도움이 된다. 인덱스에 대해서는 10장에서 알아볼 것이다. 메모리 스토리지 캐시는 힙heap 캐시라고도 부르는데, 다른 테이블의 데이터에 대한 읽기 전용 캐시 또는 임시 작업 영역을 위해 주로 사용된다.

다음과 같이 MariaDB에 있는 변수들을 살펴보자.

```
MariaDB [course_registry]> show variables like '%cache%';
| Variable_name                   | Value      |
| aria_pagecache_age_threshold    | 300        |
| aria_pagecache_buffer_size      | 134217728  |
| aria_pagecache_division_limit   | 100        |
| binlog_cache_size               | 32768      |
| binlog_stmt_cache_size          | 32768      |
| have_query_cache                | YES        |
| join_cache_level                | 2          |
| key_cache_age_threshold         | 300        |
| key_cache_block_size            | 1024       |
| key_cache_division_limit        | 100        |
| key_cache_segments              | 0          |
| max_binlog_cache_size           | 4294963200 |
| max_binlog_stmt_cache_size      | 4294963200 |
| metadata_locks_cache_size       | 1024       |
| query_cache_limit               | 131072     |
| query_cache_min_res_unit        | 4096       |
| query_cache_size                | 9999360    |
| query_cache_strip_comments      | OFF        |
| query_cache_type                | ON         |
| query_cache_wlock_invalidate    | OFF        |
| stored_program_cache            | 256        |
| table_definition_cache          | 400        |
| table_open_cache                | 400        |
| thread_cache_size               | 128        |
24 rows in set (0.00 sec)
```

애플리케이션을 확장 가능하도록 만들기 위한 매우 중요한 단계가 바로 데이터베이스 캐싱이다. 하지만 언제 캐싱을 해야 하는지와 올바른 캐싱 기법, 각 캐시의 크기 등을 이해하는 것이 중요하다. 캐싱을 위한 메모리 할당은 매우 조심스럽게 이루어져야 한다. 너무 많은 공간이 할당되면 애플리케이션의 메모리가 부족할 수 있기 때문이다. 캐싱을 위해 메모리를 할당하는 좋은 방법은 쿼리가 어떤 식으로 수행되는지 확인하고 자주 수행되는 쿼리의 목록을 알기 위해 벤치마크를 실행하는 것이다. 이렇게 함으로써 해당 쿼리에 대해 우선적으로 캐싱하고 최적화할 수 있다. 이제 데이터베이스 캐싱에 대해 이해했으니, 애플리케이션 수준에서의 캐싱에 대해 알아보자.

애플리케이션 캐싱

메모리 캐싱은 데이터에 빠르게 접근하기 위해 널리 쓰이는 방법 중 하나다. 메모리 캐싱을 사용해 데이터를 얻기 위해 데이터베이스 서버까지 접근하는 것을 피할 것이다. 애플리케이션이 커짐에 따라 애플리케이션을 확장해야 하며 데이터베이스 서버의 데이터를 얻기 위한 웹서버로부터의 호출은 점점 많은 컴퓨팅 파워를 필요로 할 것이다. 메모리 캐싱은 메모리에 데이터를 저장함으로써 끊임없이 데이터베이스에 접근하는 것을 방지할 수 있다. 메모리 캐싱은 단기적인 임시 데이터를 저장하는 데 주로 사용된다. 이는 데이터를 메모리에 저장하기 때문에 데이터를 더 빨리 반환하는 데 도움이 된다. 메모리 캐싱은 영구적인 데이터를 저장하기 위한 해결책으로 사용되어서는 안 되며, 임시 데이터를 저장하는 용도로만 사용되어야 한다. memcached를 사용해 메모리 캐싱에 대해 더 자세히 알아보자.

memcached는 빠르고 멀티스레드이며 메모리에 저장되는 키와 값의 쌍으로 이루어진 저장소이다. 우리는 memcached를 직렬화된 객체를 저장하는 데 사용할 것이다. 이러한 직렬화된 객체는 데이터베이스 호출의 결과를 담을 것이며 향후에 API 호출의 결과를 저장하는 데도 사용될 것이다. 직렬화된 객체는 웹페이지가 표시된 다음, 그 이후의 요청에 의해 해당 웹페이지가 반환된 이후에 해당 웹페이지의 결과를 저장하는 데 쓰이기도 한다. 이는 웹서버에서 동적인 뷰를 생성하는 것과는 다른 방식이다. memcached를 사용하려면 memcached를 설치해야 하며 PHP 접속용 필수 드라이버를 설치해야 한다. 아래 코드를 통해 memcached를 설치하고 memcached용 PHP 드라이버를 설치한다.

```bash
#! /bin/bash

## installs memcached
sudo apt-get install -y memcached

## installs php's connection driver for memcached
sudo apt-get install -y php5-memcached

## restarts Apache web server
sudo service apache2 restart
```

이제 memcached를 설치했으니, 메모리에 데이터를 추가하고 메모리로부터 데이터를 얻기 위한 set 메소드와 get 메소드를 구현하기 위해 캐싱 라이브러리를 만들어보자. 다음 코드는 lib/Cache.php에 포함된 코드다.

```php
<?php

class Cache{
    public $_cache;

    public function __construct(){
        $this->_cache = new Memcached();
        $this->_cache->addServer('localhost',11211);
    }

    public function set($key, $value, $expires=600){
        return $this->_cache->set($key, $value, $expires);
    }

    public function get($key){
        return $this->_cache->get($key);
    }

}
```

위 코드에서 우리는 캐싱 라이브러리를 만든다. 우선 Memcached의 객체를 생성한 다음 addServer 메소드를 사용해 로컬 memcache 서버에 접속한다. memcache 서버에 접속한 다음, set 메소드와 get 메소드에게 해당 객체를 전달한다. set 메소드는 고유 키와 해당 고유 키와 짝을 이루는 값, 해당 데이터가 메모리에 저장되어야 하는 시간(초 단위)을 매개변수로 받는다. get 메소드는 키를 매개변수로 받아서 메모리로부터 해당 키에 해당하는 데이터를 얻는다. 키가 존재하지 않는다면 get 메소드는 false를 반환한다. 이제 위 클래스의 객체를 애플리케이션에서 사용 가능하도록 만들어보자. Base_Controller에서 위 클래스의 인스턴스를 만들 것이다. 다음 코드는 controllers/Base_Controller.php의 일부다.

```php
public function __construct(){
    $this->view = new Base_View();
    $this->logger = new Logger();
    $this->cache = new Cache();
    Session::init();
}
```

위의 코드를 통해 Base_Controller 클래스의 생성자를 갱신하고 우리가 만든 캐싱 라이브러리의 인스턴스를 추가한다. 이제 캐싱 라이브러의 인스턴스를 추가했으니 학생 데이터를 캐시에 추가한 다음 캐시로부터 해당 학생 데이터를 얻어보자. 다음 코드는 controllers/students.php의 일부다.

```php
public function get($id=null){
    $this->logger->info("get action been requested");
    $this->view->message = $_GET['message'];

    if(isset($_GET['message']) && $_GET['message']=='importSuccess'){
        $this->view->message = 'Import is successful';
    }
    $student_data = $this->cache->get('student_data');

    if(!$student_data){
        $student_data = $this->model->getStudents();
        $this->cache->set('student_data', $student_data);
    }
    $this->view->student_data = $student_data;
    $this->view->render('students/get');
}
```

위 코드를 통해 student 콘트롤러의 get 메소드를 갱신한다. 이는 데이터를 메모리에 저장하고 메모리에 저장된 데이터를 얻기 위함이다. 또한 memcache를 사용해 메모리에 세션을 저장한다. 덕분에 페이지 로딩 시에 사용자 역할과 접근 권한을 더 빨리 얻을 수 있다. 세션을 memcache에 저장하기 위해 php.ini 파일의 session.save_handler를 수정할 것이다. 다음 코드는 /etc/php5/apache2/php.ini의 일부다.

```
session.save_handler = memcache
session.save_path = "127.0.0.1:11211"
```

위 코드를 통해 우리는 세션을 로컬 memcache 인스턴스에 저장하기 위해 경로를 설정한다. 애플리케이션을 확장해야 할 시점이 되면 해당 경로는 호스트 이름이나 전용 memcache 클러스터의 IP 주소로 변경되어야 할 것이다. 이제 memcache가 메모리 캐싱을 위해 어떤 식으로 사용되는지 알았으니, 캐싱 목적으로 사용되는 다른 몇 가지 캐시에 대해서도 알아보자.

고급 캐싱 기법

지금까지 데이터를 더 빨리 얻기 위한 데이터베이스 캐싱과 메모리 캐싱에 대해 알아봤다. 이번 절에서는 OpCache와 Varnish 같은 캐시에 대해 알아볼 것이다. PHP는 인터프리터 언어고, 코드는 매번 수행돼야 한다. 실행 과정은 두 단계로 일어난다. 우선 코드가 실행 가능한 바이트 코드로 변환된 다음, 해당 바이트 코드가 실행된다. OpCache는 PHP 5.5에서는 기본으로 포함되어 있긴 하지만, 기본으로 활성화되어 있지는 않다. OpCache를 활성화하려면 php.ini 파일을 수정해야 한다. 다음 코드는 /etc/php5/apache2/php.ini의 일부다.

```
opcache.enable=1
opcache.memory_consumption=64
opcache.use_cwd=1
```

위의 코드를 통해 우리는 OpCache를 활성화하고 바이트코드를 저장하기 위해 64 MB를 할당한다. 또한 현재 실행 디렉토리를 스크립트 키에 추가하기 위해 use_cwd 설정을 활성화한다. 이는 캐시 키 간의 충돌을 방지한다. 위와 같이 수정한 다음에 해당 변경 사항을 적용하려면 웹서버를 재시작해야 한다. 성능이 얼마나 좋아졌는지 보려면 xhprof와 같은 프로파일러를 사용해 바이트코드를 캐싱함으로써 OpCache가 애플리케이션의 성능을 얼마나 좋게 만들었는지 확인할 수 있다.

마지막으로 알아볼 캐싱 종류는 Varnish를 사용한 페이지 캐싱이다. Varnish는 역 프록시 서버reverse proxy server로 HTML 페이지를 메모리에 저장함으로써 웹서버를 엄청난 트래픽 폭주로부터 보호한다. 역 프록시를 설정하는 것은 매우 큰 주제이기 때문에 Varnish의 설치와 설정은 이 책의 범위를 벗어난다.

요약

7장에서 캐싱의 기본과 캐싱이 애플리케이션에 구현되어야 하는 이유에 대해 알아봤다. 그러고 나서 사용 가능한 캐싱의 다양한 종류에 대해 알아봤으며 MariaDB를 사용한 데이터베이스 캐싱, Memcached를 사용한 메모리 캐싱, OpCache를 사용한 바이트 캐싱에 대해 알아봤다. 8장에서는 REST 아키텍처의 설계에 대한 기본 사항에 대해 알아본 다음, 외부 애플리케이션이 학생 포털과 연동될 수 있도록 REST API를 만들 것이다.

8
REST API

7장에서 다양한 종류의 캐싱에 대해 알아봤고 데이터베이스 캐싱과 메모리 캐싱, 콘텐트 캐싱을 구현했다. 이제 학생 포털 애플리케이션을 통해 사용자들은 학생과 코스 정보를 확인할 수 있다. 여기서 중요한 점 한 가지는 사용자는 데이터를 보기 위해 애플리케이션을 이용해야만 한다는 것이다. 8장에서는 다른 애플리케이션이 학생 포털 애플리케이션에게 데이터를 요청할 수 있도록 API_{Application Programming Interface}를 만들어 볼 것이다. API는 어떤 애플리케이션이 다른 애플리케이션과 어떤 식으로 상호작용해야 하는지 기술한 규칙의 집합이다. 우리의 경우, 외부 애플리케이션이 추가와 조회 작업을 수행할 수 있도록 REST API를 만들어볼 것이다.

REST란

REST는 표현 가능한 상태 전송REpresentational State Transfer의 약어로, 네트워크 기능이 있는 애플리케이션 간에 통신과 운영 채널을 설계하기 위한 구조적 디자인이다. REST 디자인은 웹 HTTP API를 만들 때 주로 구현된다. REST API가 HTTP 요청을 통해 상호작용하기 때문에 REST API는 다른 종류 간의 상호 호환성을 제공한다. RESTful API는 하나의 웹페이지가 다양한 파트너로부터 온 데이터를 보여줘야 하는 경우에 가장 적합하다. 영화 리뷰 웹사이트의 예를 들어보자. 해당 사이트에는 하나의 리뷰 페이지에 여러 파트너들이 제공한 다양한 섹션이 존재할 수 있다. 하나의 리뷰 페이지에 광고 파트너가 표시하는 광고 섹션이 있을 수 있고, 사용자에게 비슷한 영화 리뷰를 추천하기 위한 서드파티3rd party 추천 플러그인이 있을 수 있고, 댓글과 토론 그리고 친구들과 영화 리뷰를 공유하기 위한 소셜 미디어 플러그인이 있을 수도 있다. 이는 다양한 서비스 간에 상호작용이 물 흐르듯이 이루어지기 때문에 가능하다. RESTful API를 구현하면 이러한 과정이 더욱 투명해진다.

이번 절에서 외부 애플리케이션이 학생 포털에 접근할 수 있도록 허용하는 RESTful API를 우선 만들어보자. RESTful API는 GET, POST, PUT, DELETE 방식 HTTP 메소드를 지원할 수 있다. 실제 구현하기에 앞서, 다양한 액션을 HTTP 메소드에 기반하여 어떤 식으로 URL로 해석할 수 있는지 다음 표를 통해 우선 살펴보자.

URL	메소드	설명
api/students	GET	모든 학생을 조회한다.
api/students	POST	학생을 추가한다.
api/students/1	PUT	학생 정보를 수정한다.
api/students/1	DELETE	학생을 삭제한다.

우선 주의 깊게 봐야 할 점은 다양한 액션을 수행하기 위해 우리가 사용할 URL의 뒷부분이 비슷하다는 점이다. api/students를 사용해 모든 액션을 수행한다. 하지만 HTTP 메소드의 종류가 요청에 대해 수행해야 할 액션을 결정한다는 점을 눈여겨봐야 한다.

 현재 학생 정보를 수정하거나 삭제하는 기능은 지원하지 않는다. 하지만 이는 쉽게 추가할 수 있는 기능이다.

API를 만들기 전에 Bootstrap 라이브러리를 수정해야 한다. 애플리케이션의 크기가 커졌기 때문에 API에 대한 요청 처리 기능을 라우팅 라이브러리에 포함시켜야 하며 이를 lib/Bootstrap.php 파일에 저장해야 한다.

```php
$ct_name = ucfirst($url[0]);

// api인 경우
if($ct_name = "api"){
    $url[1] = $this->_routeApi();
}

$controller = new $ct_name;
```

위의 코드를 Bootstrap 라이브러리에 추가하여 요청이 들어왔을 때 해당 요청이 API에 대한 요청인지 확인할 것이다. 만약 API에 대한 요청인 경우 _routeApi 메소드를 사용해 해당 요청을 처리해야 할 올바른 메소드로 전달할 것이다.

_routeApi 메소드에서 요청을 어떻게 처리하는지 살펴보자. 다음 코드는 lib/Bootstrap.php 파일의 일부다.

```php
private function _routeApi(){

    $method = $_SERVER['REQUEST_METHOD'];
    $action = "";

    switch($method){
      case "GET":
```

```
        $action = "get";
        break;
        case "POST":
        $action = "post";
        break;
        default:
        $action = "";
        break;
    }

    if(strlen($action)>0){
        return $action;
    }
    else{
        echo "Action is not available";
    }

}
```

위의 코드는 들어 온 요청에서 사용한 HTTP 메소드를 $_SERVER 전역변수로부터 얻는다. REQUEST_METHOD 키를 사용해 HTTP 메소드를 얻은 다음, 해당 HTTP 메소드를 스위치 블록으로 전달하여 어떤 액션이 해당 요청을 처리해야 할지 결정한다. 어떤 액션이 처리할지 결정되고 나면 해당 액션을 반환한다. API를 어떤 액션에 넘겨야 할지 결정하는 부분을 구현했으니, 이제 API를 만들어보자. 다음 코드는 controllers/api.php 파일의 일부다.

```php
<?php

class Api extends Base_Controller{
    public $name;

    public function __construct(){
        $this->name = explode("/",$_REQUEST["url"])[1];
    }
}
```

위의 코드는 우선 Api 콘트롤러를 통해 API를 생성한다. 그리고 나서 현재 요청에 대한 액션을 얻는다. 이제 액션을 얻었으니 API를 사용해 데이터를 조회하고 추가하기 위한 get 메소드와 post 메소드를 만들어보자. 다음 코드는 controllers/api.php 파일의 일부다.

```php
public function get(){
    $method = "";
    $this->loadModel($this->name);

    switch($this->name){
        case "students":
        $method = "getStudents";
        break;
        case "courses":
        $method = "getCourses";
        break;
        default:
        break;
    }

    if(strlen($method)>0){
        $data = $this->model->$method();

        if(is_array($data) && count($data) >0){
            print_r($data);
        }
    }

}

public function post(){
    $method = "";
    $this->loadModel($this->name);

    switch($this->name){
        case "students":
        $method = "addStudent";
        break;
        case "courses":
```

```
        $method = "addCourse";
        break;
        default:
        break;
    }

    if(strlen($method)){
        $this->model->$method($_POST);
    }
}
```

위의 코드에서 우리는 get 메소드와 post 메소드를 생성한다. 두 메소드 모두 $name 클래스 변수에 저장된 콘트롤러의 이름을 기반으로, 필요한 모델을 우선 로딩한다. 그리고 나서 콘트롤러의 이름을 스위치 블록에 전달하고, 스위치 블록은 적절한 메소드를 결정한다. 만약 해당 요청이 GET HTTP 요청이면 데이터를 조회할 것이고, 만약 해당 요청이 POST HTTP 요청이면 학생 또는 코스를 추가할 것이다. get 메소드는 필요한 데이터를 얻어서 웹페이지에 출력한다. 다음 절에서 해당 데이터를 응답에 포함시켜 전송하기 위해 XML 피드feed를 생성하는 방식을 만들 것이다.

XML 피드 생성

앞 절에서 우리는 데이터를 얻어서 원본 데이터를 페이지에 출력하는 API를 만들었다. 이번 절에서 데이터를 가져다 XML 피드로 변환하는 메소드를 만들 것이다. 그리고 나서 원격 애플리케이션은 이러한 XML 피드를 사용해 데이터를 활용할 수 있을 것이다. XML 생성 기능을 만들기 전에 XML 데이터를 담기 위한 클래스 변수를 만들어보자. 다음 코드는 controllers/api.php 파일의 일부다.

```
public $xml;
```

이제 클래스 변수를 추가했으니, 다음 XML 생성 기능을 API에 추가해보자. 다음 코드는 controllers/api.php 파일의 일부다.

```php
private function _generateXML($root, $data){
    $this->xml = new SimpleXMLElement("<$root/>");

    foreach($data as $key=>$value){
        $this->_generateXMLChild(substr($root, 0, -1), $value);
    }
    header("HTTP/1.1 200 OK");
    header("Content-Type: application/xml; charset=utf-8");
    echo $this->xml->asXML();
}

private function _generateXMLChild($type ,$item){

    $child = $this->xml->addChild($type);

    foreach($item as $key => $value){
        $child->addChild($key, $value);
    }

}
```

위의 코드에서 우리는 _generateXML 메소드와 _generateXMLChild 메소드를 생성했다. 해당 메소드들은 XML 피드를 생성하고 출력하기 위한 메소드들이다. PHP의 SimplXMLElement 클래스를 사용해 XML 피드를 생성한다. _generateXML 메소드는 두 개의 매개변수를 받는다. 하나는 루트 엘리먼트의 이름이고, 다른 하나는 실제 데이터이다. 조회할 데이터가 배열이 원소인 배열(배열의 배열)이므로 학생 데이터 또는 코스 데이터를 담고 있는 자식 배열을 조회하기 위해 부모 배열을 반복문으로 조회해야 한다. 자식 배열은 _generateXMLChild의 매개변수로 전달된다. 그리고 나서 해당 자식 배열은 XML로 변환된다. 모든 자식 배열이 XML로 변환되고 나면 해당 XML을 페이지에 출력한다. XML 피드를 생성하기 위한 이러한 메소드를 사용하기 위해 기존 get 메소드를 다음과 같이 수정해야 한다. 다음 코드는 controllers/api.php 파일의 일부다.

```
if(strlen($method)>0){
    $data = $this->model->$method();

    if(is_array($data) && count($data) >0){
        $this->_generateXML($this->name,$data);
    }
}
```

위의 코드는 기존 코드의 print_r 호출을 _generateXML 메소드 호출로 변경한 것이다. 이제 XML 피드를 생성했으니 JSON 피드를 생성해보자.

JSON 피드 생성

이전 절에서 우리는 PHP의 SimplXMLElement를 사용해 XML 피드를 생성했다. 이번 절에서 PHP의 json_encode 함수를 사용해 JSON 피드를 생성해볼 것이다. JSON 피드 생성은 XML 피드 생성과 비교할 때 매우 간단하다. JSON은 매우 인기 있는 데이터 교환 포맷이며 XML과 비교할 때 가볍다. 다음 코드는 controllers/api.php 파일의 일부다.

```
private function _generateJSON($root, $data){
    header("HTTP/1.1 200 OK");
    header("Content-Type: application/json");
    echo json_encode(array($root=>$data));
}
```

위의 코드는 종단점의 이름과 get 액션이 얻은 데이터를 매개변수로 받는 _generateJSON 메소드를 생성한다. 이제 _generateJSON 메소드를 사용하도록 기존 get 액션을 수정해보자.

```
if(strlen($method)>0){
    $data = $this->model->$method();

    if(is_array($data) && count($data) >0){
        $this->_generateJSON($this->name,$data);
    }
}
```

위의 코드에서 기존 _generateXML 메소드를 _generateJSON 메소드로 변경했다. 비록 위의 코드에서는 XML 피드를 JSON 피드로 변경했지만, XML 피드와 JSON 피드 모두를 제공하고 외부 애플리케이션이 어떤 데이터 포맷을 사용할지 결정하도록 하는 것이 일반적이다. 이는 보통 쿼리 문자열의 출력 포맷 매개변수를 추가함으로써 결정할 수 있다.

```
api/students?output=json // JSON 생성
api/students?output=xml // XML 생성
```

요약

8장에서는 REST 아키텍처 디자인의 개변을 살펴봤다. 그리고 나서 HTTP의 GET 메소드와 POST 메소드를 지원하는 REST API를 만들었다. 그리고 나서 콘텐트를 전달하기 위한 XML 피드와 JSON 피드를 생성하는 메소드를 만들었다. 9장에서 학생 포털의 보안을 최적화할 것이다. 아파치 웹서버와 PHP, MariaDB 이렇게 세 가지 측면에 있어 어떻게 애플리케이션의 보안성을 향상시킬 수 있는지 알아볼 것이다.

9

보안

8장에서 외부 애플리케이션이 데이터를 학생 포털 데이터베이스에 추가하고 조회할 수 있는 REST API를 만들었다. 또한 그 이전 장들을 통해 우리는 전체 애플리케이션을 만들었다. 학생 포털 애플리케이션을 사용자들에게 공개하기 전에 학생 포털 애플리케이션이 사용하는 소프트웨어 전체 스택에 대한 보안을 면밀히 살펴보는 것은 매우 중요하다. 6장에서 이미 사용자 인증에 대한 개념을 살펴봤다. 사용자 인증은 보안을 유지하는 데 어느 정도 도움이 된다. 9장에서는 학생 포털 애플리케이션의 보안을 한층 강화하는 데 주로 초점을 맞출 것이다.

9장은 다음과 같은 주제를 다룰 것이다.

- 아파치 웹서버 보안 강화
- MariaDB 보안 강화
- PHP 보안 강화

아파치 웹서버 보안 강화

이번 절에서 학생 포털 애플리케이션이 사용하는 아파치 웹서버 설치의 보안을 강화하는 방법에 대해 알아볼 것이다. 아파치 웹서버는 매우 널리 사용되고 있으며, 이러한 인기로 인해 많은 사람들이 안전하지 못한 아파치 웹서버에 침투하는 여러 방법을 이미 밝혀낸 바 있다. 이번 절에서 다룰 몇 가지 이슈는 다음과 같다.

- 서버 정보 숨기기
- 서버 설정 제한

우선 아파치 웹서버로 작업하는 경우에 발생할 수 있는 정보 누출의 종류에 대해 알아보자.

서버 정보 숨기기

아파치 웹서버를 기본적으로 설치했을 때 아파치 웹서버는 해당 웹서버와 운영체제에 관한 많은 정보를 제공한다. 웹서버 또는 운영체제에 관한 어떤 정보이든지 웹 애플리케이션을 공격하기 위해 해당 웹 애플리케이션을 브라우징 중인 악의를 품은 사용자에게 유용할 수 있다. 웹서버가 사용자에게 표시하는 정보를 우선 살펴보자. 존재하지 않는 페이지를 로딩하여 웹서버가 어떤 식으로 반응하는지 살펴보자. 존재하지 않는 페이지를 로딩하면 결과는 다음과 같을 것이다.

위의 화면으로부터 눈여겨봐야 할 부분은 웹서버의 종류와 버전을 전송한다는 점이다. 또한 포트 정보와 운영체제 정보를 HTTP 응답을 통해 전달한다. 이제 웹서버 설정 파일의 몇 가지 사항을 변경하여 위와 같은 부분을 방지해보자. 우분투 Ubuntu 운영체제의 경우 이러한 설정은 security.conf 파일에 저장된다. 다른 운영체제의 경우 이러한 설정은 apache2.conf 또는 httpd.conf 파일에 저장될 것이다. 다음 코드를 /etc/apache2/conf-available/security.conf 파일에 입력하자.

```
ServerTokens Prod
ServerSignature Off
```

위의 코드를 통해 서버 설정 지시자의 기본값을 변경했다. `ServerTokens`를 `Full`에서 `Prod.ServerTokens`로 변경했다. 이는 웹서버가 응답의 일부로써 전송한 데이터를 설정하는 데 쓰일 수 있다. `ServerSignature`는 서버와 운영체제 정보를 추가하는 데 사용되는 서버 지시자이다.

`ServerSignature`는 기본값으로 `On`인데, 우리는 이를 `Off`로 수정했다. 설정을 수정했으니 다음 명령어를 통해 웹서버를 재시작해야 한다.

service apache2 restart

변경한 설정 정보를 적용하기 위해 위의 명령어를 통해 웹서버를 재시작한다. 변경한 설정 정보를 적용했으니 다시 한 번 존재하지 않는 웹페이지를 로딩하여 웹서버가 여전히 시스템 정보를 전송하는지 살펴보자. 이제 해당 웹페이지는 다음과 같은 결과를 출력할 것이다.

페이지를 재로딩했을 때 웹서버가 시스템 정보를 전송하지 않는다는 것을 알 수 있다. 이제 서버 설정 제한을 설정하여 애플리케이션이 악의적인 요청에 의해 과도한 부하가 걸리지 않도록 만들어보자.

서버 설정 제한

아파치 웹서버는 설치 시 기본 설정이 되어 있다. 이번 절에서는 그러한 기본 설정 중 일부를 살펴볼 것이다. 이번 절을 통해 여러분은 다양한 지시자를 이해할 수 있게 되며, 이는 여러분의 요구사항에 따라 웹서버를 튜닝하는 데 도움이 될 것이다. 우리 요구사항에 맞게 다음 코드를 /etc/apache2/conf-available/apache2.conf 파일에 추가하자.

```
TimeOut 300
KeepAlive On
MaxKeepAliveRequests 100
KeepAliveTimeout 5
MaxClients 256
```

위의 코드는 아파치 지시자 중 매우 일반적이면서 유용한 네 개의 지시자를 포함한다. 첫 번째 지시자인 TimeOut은 웹서버가 연결을 끊기까지 얼마나 기다리는지를 설정하는 데 사용된다. TimeOut 지시자는 주의 깊게 사용해야 하며 일반화할 수 없다. 하지만 보통 300초는 연결을 유지하기에 너무 긴 시간이다. 연결을 끊는데 걸리는 시간을 줄이는 편이 좋다. 다음 지시자인 KeepAlive는 연결 지속이 허용되는지 여부를 결정한다. KeepAlive 지시자가 켜져 있는 경우, MaxKeepAliveRequests를 사용해 연결이 지속되는 동안 최대 몇 개의 요청이 가능한지 설정할 수 있다. 마지막 지시자인 MaxClients는 아파치 웹서버가 처리할 수 있는 동시 요청의 최대 개수를 의미한다. 동시 접속 개수는 철저한 테스트와 향후 애플리케이션이 커질 가능성 등을 고려하여 설정해야 한다.

이 외에도 많은 웹서버 지시자가 있지만, 여기서 길게 다루기는 힘들다. 웹서버의 보안을 강화하기 위해 다음과 같은 사항들을 권한다.

- 웹서버를 정기적으로 업데이트한다.
- 방화벽과 네트워크 모니터링을 하도록 `mod_security`와 `mod_evasive`를 설정한다.
- 직접적인 IP 주소로 접속하는 것을 막기 위해 이름 기반 가상 호스팅을 사용한다.
- 주기적으로 접속 로그를 모니터링하여 웹사이트 트래픽을 이해하고 모니터링한다. 이는 웹사이트에 악의적인 요청이 있는지를 감시하기 위함이다.
- 지금까지 아파치 웹서버의 보안을 강화하기 위한 몇 가지 지시자를 살펴봤으니 MariaDB의 보안을 강화하는 방법에 대해 알아보자.

MariaDB 보안 강화

이번 절에서 MariaDB 데이터베이스 서버의 보안을 강화하는 데 도움이 되는 몇 가지 주제에 대해 다룰 것이다. 이번 절에서 다룰 이슈는 다음과 같다.

- 데이터베이스 패스워드 설정
- 접근을 제한하기 위한 뷰 생성
- 사용자 생성 및 접근 권한 부여

데이터베이스 패스워드 설정

MariaDB 설치 과정 중에 사용자는 루트 사용자의 패스워드를 입력하라고 요청을 받는다. 패스워드를 입력하는 것이 필수는 아니다. 사용자는 패스워드 입력을 피하기 위해 ESC 키를 누를 수 있다. 우리는 MariaDB의 보안을 강화하는 것이 목적이기 때문에 패스워드를 초기에 입력하지 않았다면 지금 패스워드를 추가하여 접근에 대한 보안을 강화해보자. `mysqladmin`을 사용해 다음과 같이 암호를 추가해보자.

```
mysqladmin -u root password <userpassword>
```

위 명령어를 통해 root 사용자의 신규 패스워드를 설정한다. 지금부터는 루트 사용자로 로그인하기 위해 위에서 입력한 패스워드가 필요하다. 이제 루트 사용자의 패스워드를 추가했으니 루트 사용자로 다시 로그인해보자.

접근을 제한하기 위한 뷰 생성

애플리케이션의 크기가 커짐에 따라 애플리케이션에 필요한 테이블의 개수도 증가한다. 다양한 테이블로부터 데이터를 얻기 위해 특정 조인join을 사용해야 할 것이고, 이로 인해 쿼리의 길이가 길어질 것이다. 뷰를 사용하면 복잡한 쿼리를 단순화된 쿼리로 추상화함으로써 이러한 복잡성을 감출 수 있다. 뷰는 가상 테이블이고 어떤 데이터도 포함하지 않는다. 이번 절에서는 다음과 같이 students 테이블, courses 테이블, students_courses 테이블의 데이터를 제공하는 뷰를 만들어보자.

```
select s.student_id as student_id, c.course_id as course_id, s.first_
name, s.last_name, c.name, c.description
from students s
inner join students_courses sc on s.student_id=sc.student_id
inner join courses c on sc.course_id=c.course_id;
```

이제 더 단순한 쿼리로 데이터를 얻을 수 있도록 뷰를 만들어보자. 해당 뷰를 만들기 위해 다음과 같이 CREATE VIEW 구문을 사용한다.

```
create view sc_view as
select s.student_id as student_id, c.course_id as course_id,
s.first_name, s.last_name, c.name, c.description
from students s inner join
students_courses sc on s.student_id=sc.student_id
inner join courses c on sc.course_id=c.course_id;
```

위 예를 통해 데이터를 생성하기 위해 위의 쿼리를 동적으로 수행할 뷰를 만든 것이다. 뷰를 만들기 위해 CREATE VIEW 명령어를 사용했다. 이제 뷰를 만들었으니 SELECT 문을 사용해 해당 뷰를 조회해보자.

```
select * from sc_view;
```

위 쿼리는 위에서 살펴본 원래의 쿼리와 동일한 결과를 출력한다. 테이블과 비슷하게, 뷰에 대해서도 ALTER DML 문과 DROP DML 문을 사용할 수 있다. 이제 뷰를 추가했으니 사용자 전부가 모든 테이블을 볼 필요는 없다. 일부 사용자는 뷰에 대한 접근 권한만 지녀도 된다. 다음 절에서는 사용자를 생성한 다음, 해당 사용자에게 뷰에 대한 권한만을 부여할 것이다.

사용자 생성 및 접근 권한 부여

이전 절에 이어 이번 절에서는 sc_view 테이블에 대한 접근 권한만을 지니는 새로운 사용자를 생성할 것이다. MariaDB 데이터베이스 서버에서는 사용자에게 필수 데이터에 대한 접근 권한만을 제공하는 것이 가능하다. CREATE USER 명령어를 통해 읽기 전용 사용자를 생성해보자.

```
create user 'ro_user'@'localhost' identified by 'password';
```

위의 명령어를 통해 사용자를 생성하고 해당 사용자의 비밀번호를 설정했다. 해당 사용자의 비밀번호는 현재 사용자의 비밀번호보다 더욱 엄격해야 한다. 이제 사용자를 추가했으니 해당 사용자에게 이전 절에서 생성한 뷰에 대한 접근 권한을 부여해보자.

```
grant select on 'course_registry'.'sc_view' to 'ro_user'@'localhost';
```

GRANT 명령어를 사용해 사용자 ro_user에게 sc_view 테이블에 대한 특정 접근 권한을 부여했다. 새로운 사용자인 ro_user로 로그인하여 GRANT 명령어 수행이 성공적이었는지 검증해보자. 결과 화면은 다음과 같다.

```
root@adminuser-VirtualBox:/etc/apache2/conf-available# mysql -u ro_user -ppassword
Welcome to the MariaDB monitor.  Commands end with ; or \g.
Your MariaDB connection id is 45
Server version: 5.5.36-MariaDB-1~saucy-log mariadb.org binary distribution

Copyright (c) 2000, 2014, Oracle, Monty Program Ab and others.

Type 'help;' or '\h' for help. Type '\c' to clear the current input statement.

MariaDB [(none)]> use course_registry;
Reading table information for completion of table and column names
You can turn off this feature to get a quicker startup with -A

Database changed
MariaDB [course_registry]> show tables;
+---------------------------+
| Tables_in_course_registry |
+---------------------------+
| sc_view                   |
+---------------------------+
1 row in set (0.00 sec)
```

해당 사용자로 로그인하여 해당 사용자가 sc_view 테이블에 대한 권한만을 지닌 다는 것을 확인했으니, 해당 뷰로부터 데이터를 조회한 다음, 해당 뷰를 삭제해보자. 해당 뷰를 삭제해보는 이유는 해당 뷰를 삭제하려 시도할 때 해당 사용자가 권한이 없어서 에러가 나는지 확인하기 위함이다. 사용자 권한을 다루는 것은 까다로울 수 있으므로, 사용자 권한을 부여하거나 취소할 때는 phpMyAdmin과 같은 툴을 사용할 것을 권장한다. 다음 명령어를 사용해 phpMyAdmin을 설치해보자.

```
sudo apt-get install -y phpmyadmin
```

위의 명령어를 사용해 phpMyAdmin을 설치했고 이제 phpMyAdmin을 사용해 사용자 권한을 제어하는 등의 일상적인 데이터베이스 작업을 수행할 수 있게 되었다. 지금까지 MariaDB 서버의 보안을 강화하기 위해 뷰와 접근 권한 제어에 대해 알아봤으니, 서버 측 필터링과 XSS 필터링을 통해 애플리케이션의 보안을 강화하는 법을 알아보자.

PHP 보안 강화

이번 절에서는 애플리케이션 측면에서의 보안 문제 가능성에 대해 알아볼 것이다. 서버에서 콘텐트를 필터링하는 것이 매우 중요하다. 필터링은 다양한 수준에서 수행될 수 있다. 우선 입력된 값의 종류가 예상한 입력 값의 종류와 일치하는지 검증할 수 있다. is_int, is_numeric, is_float, is_string 등 PHP의 함수를 사용할 수 있다.

- is_int: 입력 값이 정수인지 검증하는 데 사용된다.
- is_numeric: 입력 값이 숫자 또는 숫자를 나타내는 문자열인지 검증하는 데 사용된다.
- is_float: 입력 값이 부동 소수점인지 검증하는 데 사용된다.
- is_string: 입력 값이 문자열인지 검증하는 데 사용된다.

입력된 값의 종류가 우리가 예상한 값의 종류와 일치하는지 검증이 되었다면, 다음으로 입력된 값이 크로스 사이트 스크립팅cross-site scripting 취약점을 노리고 있지는 않은지 확인해야 한다. 크로스 사이트 스크립팅 취약점 공격을 막기 위해 데이터를 데이터베이스에 저장하기 전에 필터링하고, 해당 데이터를 웹 페이지에 표시하기 전에 스크립트 태그를 제거하거나 문자 처리해야 한다. 아래와 같은 strip_tags, htmlspecialchars, htmlentities와 같은 함수를 사용해 입력 값을 통한 스크립트 삽입을 막을 수 있다.

- strip_tags: 문자열로부터 HTML 또는 PHP 태그를 제거하는 데 사용된다(위험 요소 제거).
- htmlspecialchars: 특수 문자를 HTML 개체로 변환한다(웹 페이지 출력을 위한 문자열 처리).
- htmlentities: 모든 적용 가능한 문자를 HTML 개체로 변환한다(웹 페이지 출력을 위한 문자열 처리).

애플리케이션을 만드는 동안 SQL 인젝션injection에 대해 매우 주의해야 한다. 하지만 프리페어드prepared 문을 사용하고 있기 때문에 SQL 인젝션 공격에 대해 걱정하지 않아도 된다. 프리페어드 문을 사용하지 않는 애플리케이션의 경우, PHP가 제공하는 `mysql_real_escape_string` 함수를 사용할 것을 권장한다. 이번 절에서 마지막으로 다룰 수정사항은 웹 브라우저에 전송하는 정보를 숨기는 것이다. `expose_php` 지시자는 웹 브라우저에 전송할 정보를 숨길지를 결정하며, 다음과 같이 php.ini 파일 내에 위치한다.

```
; Decides whether PHP may expose the fact that it is installed on theserver
; (e.g. by adding its signature to the Web server header). It is nosecurity
; threat in any way, but it makes it possible to determine whether youuse
PHP; on your server or not.
; http://php.net/expose-php
expose_php = Off
```

위의 주석을 번역하면 다음과 같다.

```
; PHP가 해당 서버에 설치되었다는 사실을 노출할지 결정한다.
; 예를 들어 웹서버 헤더에 PHP의 시그니처를 추가한다. 이는 보안상 좋지 않다.
; 이는 어찌됐든 위협이 된다. 하지만 이를 통해 여러분이 서버에서 PHP를 사용하는지 여부를 알 수 있다.
```

기본값으로 `expose_php` 지시자의 값을 `Off`로 변경하면 설치된 PHP에 대한 정보를 더 이상 노출하지 않는다. 우리는 현재 PHP 설정을 변경하고 있기 때문에 웹서버를 재로딩해야 한다.

요약

9장에서 웹서버와 데이터베이스 서버의 보안을 강화하는 방법을 집중적으로 다뤘다. 또한 다양한 보안 위험 상황을 처리하기 위한 몇 가지 보안 관련 수정사항에 대해 알아봤다. 9장은 애플리케이션과 해당 애플리케이션을 호스팅하는 환경의 보안 강화의 기초 사항만을 제공하기 위함이다. 9장을 통해 애플리케이션 보안에 대한 지식의 기초만을 습득했을 뿐이고, 계속해서 보안 강화를 위해 애써야 한다. 10장에서는 애플리케이션의 속도를 높이기 위한 다양한 성능 최적화 기법에 대해 알아볼 것이다.

10
성능 최적화

9장에서 웹서버와 데이터베이스 서버의 보안을 강화하는 여러 기법을 알아봤다. 그러고 나서 들어오는 데이터를 검열하는 데 도움이 되는 필터링 기능을 추가했다. 10장에서는 우리의 소프트웨어 스택의 성능을 최적화하기 위한 몇 가지 기법에 대해 알아볼 것이다. 우리는 7장에서 다양한 수준의 캐싱을 통해 성능향상을 이루었다. 10장의 목표는 최적화를 위해 사용 가능한 옵션에 대해 여러분이 이해할 수 있도록 돕는 것이다. 이러한 기법들을 처음부터 구현하는 것이 목적이 아니다. 철저한 조사 없이 애플리케이션을 최적화하는 것은 애플리케이션에 안 좋은 영향을 미칠 수 있기 때문이다. 하지만 개발자로서 애플리케이션을 만드는 동안 사용 가능한 최선의 최적화 기법에 대해 숙지하고 있는 것은 매우 중요하다. 우선은 아파치 웹서버를 위한 최적화에 대해 알아볼 것이고 그러고 나서 MySQL 쿼리 최적화와 인덱싱에 대해 알아볼 것이다. 마지막으로 PHP 코드를 최적화하는 다양한 기법에 대해 알아볼 것이다. 다음 주제에 대한 성능 최적화 기법에 대해 알아볼 것이다.

- 아파치 웹서버

- MariaDB 데이터베이스 서버

- PHP

아파치 웹서버 성능 최적화

이번 절에서는 웹서버를 최적화하기 위한 다양한 단계를 살펴볼 것이다. 아파치는 어느 정도는 기본 사양으로도 성능이 꽤 괜찮다. 하지만 애플리케이션의 크기가 커짐에 따라 요청이나 처리 횟수가 많아지면 지연이나 성능 문제에 부딪치게 된다. 이러한 성능 문제를 해결하기 위해 이번 절에서 알아볼 주제는 다음과 같다.

- 사용하지 않는 모듈 비활성화

- 압축 사용

- 캐싱

사용하지 않는 모듈 비활성화

아파치 웹서버를 기본 설치하면 기본 설치된 모듈의 개수가 매우 많다. 주 목적이 웹사이트를 최대한 빨리 만들어서 사용자에게 공개하는 것이 목적인 경우 기본 설치된 모듈이 많은 것이 장점이 될 수 있다. 애플리케이션의 크기가 커짐에 따라 발생하는 문제점은 요청에 대한 응답하는 데 지연이 발생한다는 점이다. 이러한 지연 발생의 일반적인 이유는 아파치 모듈이 메모리에 로딩되어 있기 때문이다. 따라서 사용하지 않는 모듈이 있다면 해당 모듈을 비활성화하여 메모리를 절약할 수 있다. 활성화된 모듈의 목록을 얻으려면 아파치의 명령어 줄 제어 인터페이스를 사용할 수 있다. 다음 코드에서 우리는 아파치에 기본 탑재된 명령어 줄 제어 인터페이스를 사용한다. 이는 아파치 데몬daemon의 기능을 이해하고 제어하기 위함이다.

```
apache2ctl -M
```

위 명령어를 실행하면 데비안이나 우분투 운영체제에서 결과를 얻을 수 있다. 활성화된 모듈의 목록을 얻는 다른 방법으로 다음과 같이 PHP의 apache_get_ modules 함수를 사용할 수 있다.

```php
<?php

echo '<h3>The List of Apache modules that are enabled.</h3>';

foreach(apache_get_modules() as $value){
    echo $value."<br />";
}

?>
```

위의 코드에서 우리는 PHP의 apache_get_modules 함수를 사용해 아파치에서 활성화된 모듈의 목록을 출력한다. 위 코드는 브라우저에서 실행되어야 하며 위 코드는 해당 정보를 얻기 위해 아파치에 위치해야 한다. 위 코드를 명령어 줄을 통해 실행하면 동작하지 않을 것이다. 위 코드의 실행 결과는 다음과 같다.

실행 결과는 현재 아파치 웹서버에서 활성화되어 있는 모듈의 목록을 나타낸다. 모듈 목록은 현재 실행 중인 애플리케이션에 따라 달라질 수 있다. 학생 포털 애플리케이션이 위의 모듈 전부를 필요로 하는 것은 아니다. 예를 들어, 학생 포털 애플리케이션에 autoindex 모듈은 필요 없다. 따라서 a2dismod 명령어를 사용해 autoindex 모듈을 비활성화하자.

a2dismod 명령어를 실행하면 a2enmod 명령어에 의해 생성된 /etc/apache2/mods-enabled 위치한 심링크symlink가 제거된다. 우분투 외의 운영체제의 경우, httpd.conf 파일을 통해 모듈을 비활성화해야 한다. 다음 코드에서 우리는 a2dismod 명령어를 사용해 autoindex 모듈을 비활성화한다.

```
sudo a2dismod autoindex
sudo service apache2 restart
```

이제 모듈을 비활성화했으니 이를 반영하기 위해 웹서버를 재시작해야 한다. 어떤 모듈을 활성화하거나 비활성화하는 것은 애플리케이션에 따라 다르며, 반드시 광범위한 테스트 이후에 신중하게 결정해야 한다. 이제 다음 최적화 기능인 압축으로 넘어가자. 압축은 압축된 데이터를 네트워크를 통해 전송하는 데 도움이 되기 때문에 전송할 데이터의 양을 줄일 수 있다.

압축 사용

항상 요청에 응답하기 전에 콘텐트를 압축하여 네트워크로 압축된 콘텐트를 전송하는 것이 좋다. 압축된 데이터는 응답이 브라우저에 도착했을 때 압축 해제되며, 응답의 압축이 해제되면 브라우저는 해당 콘텐트를 표시한다. 가장 최선의 방법은 최종 사용자가 응답이 압축됐는지 모르도록 하는 것이다. 물론 HTTP 헤더를 살펴보면 알 수 있긴 하다. 서버 측에서 콘텐트를 압축하기 위해서 다음과 같이 deflate 모듈을 사용할 것이다. 현재 해당 모듈은 활성화되어 있다. 해당 모듈이 비활성화되어 있는 경우에는 다음과 같이 a2enmod 명령어를 사용해 활성화할 수 있다.

```
sudo a2enmod deflate
sudo service apache2 restart
```

압축에 사용할 만한 다른 모듈로는 expires 모듈이 있다. 해당 모듈은 Expires HTTP 헤더와 HTTP 헤더의 max-age 지시자를 설정하는 데 도움을 준다. Expires HTTP 헤더와 max-age 지시자는 웹서버 응답의 일부다. 이는 웹서버를 호출하는 횟수를 줄여준다.

```
sudo a2enmod expires
sudo service apache2 restart
```

다른 최적화 기법과 마찬가지로 deflate 모듈과 expires 모듈은 실 운영 환경에서 활성화하기 전에 테스트 환경에서 충분한 테스트를 거쳐야 한다. 압축으로 인해 CPU 사용량이 갑작스럽게 증가하거나 CPU 사용량 증가가 웹서버의 성능에 안 좋은 영향을 주는 경우가 있는지 반드시 테스트해야 하고 이러한 부분이 문서화되어 있어야 한다. 마지막으로 알아볼 최적화 기법은 캐싱이다.

캐싱

서버의 오버헤드overhead를 줄이기 위해 캐싱을 구현하는 것이 좋다. 디스크 캐싱을 위해 disk_cache 모듈을 활성화하거나 메모리 캐싱을 위해 mem_cache 모듈을 활성화할 수 있다. 또한 캐싱 역시 설치된 애플리케이션에 따라 달라지며, 캐싱되어야 하는 데이터 양에 따라 캐싱 방법이 달라진다. 캐싱되어야 하는 데이터의 양이 매우 많은 경우에 디스크 캐싱을 쓰는 것이 좋다. 디스크 캐싱을 위해 외부 SSD를 사용하는 것이 좋다. 캐싱해야 하는 데이터의 양이 매우 많은 경우가 아니라면 해당 데이터를 메모리에 캐싱할 수도 있다. 다른 최적화 기법과 마찬가지로 테스트 환경에서 캐싱 테스트를 철저히 하는 것이 중요하다. 이 책에서 자세히 다루지는 않지만 다음과 같은 최적화 기법도 알아두면 좋다.

- 아파치 프로세스와 자식 프로세스의 개수가 너무 많지 않도록 제한해야 한다.
- 웹서버가 설치된 PC에서 실행 중인 다른 백그라운드 프로세스가 너무 많지 않도록 제한해야 한다.
- 파이프 로그piped logging를 사용하는 편이 좋다.

MariaDB 성능 최적화

이번 절에서는 MariaDB를 최적화하는 다양한 단계에 대해 알아볼 것이다. MariaDB는 성능 최적화를 위해 내부적으로 사용되는 강력한 알고리즘을 기본 탑재하고 있다. 저장소 엔진은 쿼리를 실행하도록 최적화되어 있지만 우리는 개발자로서 더 나은 쿼리를 작성하는 데 도움이 되는 몇 가지 우수 사례에 대해 알고 있어야 한다. 이번 절에서 다룰 최적화 기법은 다음과 같다.

● 데이터 조회 시 추천 사항
● 쿼리 실행 과정 이해하기
● 쿼리 최적화와 인덱스

데이터 조회 시 추천 사항

읽기 작업이 주로 일어나는 환경의 경우, 데이터 조회가 가장 일반적인 작업일 것이다. 데이터 조회의 경우 제대로 수행되지 않으면 매우 처리 작업이 과도하게 일어나는 과정이다. 처리 작업의 양을 줄이기 위해 조회 중인 데이터를 필터링하는 편이 좋다. 데이터 조회와 관련된 다음과 같은 우수 사례를 알아보자.

● 모든 데이터를 조회하는 것을 피해야 한다.
● 필요한 것을 조회하도록 필터를 사용해야 한다.
● 조회 중인 데이터의 양을 제한해야 한다.
● 쿼리 캐싱을 사용해야 한다.

모든 데이터를 조회하는 것은 항상 좋지 못하다. 즉 한 테이블의 모든 레코드를 조회하는 것 역시 좋지 못하다. 아주 작은 테이블이고 전체 테이블을 조회하는 경우가 아주 드문 경우를 제외하고는 전체 조회는 피해야 한다. 마찬가지로, 필요한 열만을 조회하여 쿼리에서 SELECT *를 사용하는 것을 피해야 한다. 모든 열을 조회하는 것이 필요한 경우에도, 필요한 열들의 이름을 쿼리에 일일이 추가하여

SELECT * 를 사용하는 것을 피해야 한다. 데이터 조회에 필요한 열의 개수를 필터링한 다음에는, 조회할 데이터를 필터링하기 위해 WHERE 절을 사용하는 것이 좋다. 필터링 기준을 잘 적용하더라도 여전히 너무 많은 데이터를 조회할 수 있기 때문에, 필터링된 데이터의 부분집합만을 얻기 위해 LIMIT 절을 사용하는 것이 좋다. 애플리케이션 측에서 페이징이 일어나더라도, 테이블의 모든 레코드를 조회하여 많은 데이터를 메모리에 로딩하는 것은 좋지 않다. LIMIT 절과 OFFSET 절을 사용해 조회해야 할 대상 데이터의 양을 제한하는 것이 좋다. 마지막으로 추천하고 싶은 점은 항상 쿼리 캐싱을 사용하라는 것이다. 쿼리 캐싱을 사용하면 동일한 쿼리가 여러 번 실행되지 않게 된다. 한 가지 주의해야 할 점은 MariaDB의 쿼리 캐시에는 TTLTime To Live 기능이 없고 SQL 갱신 때마다 쿼리 캐시가 플러시flush된다는 점이다. 이는 데이터가 너무 오랫동안 캐싱되어 오래된 콘텐트를 전달하는 결과를 초래할 수 있다. 따라서 이를 방지하기 위해 RESET QUERY CACHE 명령어를 실행해야 한다. 지금까지 쿼리를 만드는 데 있어 추천할 만한 사항들을 알아봤으니, 쿼리 실행 과정을 더 깊게 이해해보자.

쿼리 실행 과정 이해하기

이번 절에서 쿼리가 파싱되고 데이터가 반환되는 과정을 한 단계씩 살펴볼 것이다. MariaDB 서버에서 쿼리가 실행될 때, MariaDB 서버는 해당 쿼리의 데이터가 쿼리 캐시에 캐싱되어 있는지 먼저 확인한다. 만약 데이터가 쿼리 캐시에 캐싱되어 있지 않으면 해당 쿼리는 쿼리 파서query parser에 전달된다. 쿼리 파서는 해당 쿼리를 받아서 쿼리를 세그먼트 별로 분리하여 파스 트리parse tree를 생성한다. 쿼리 파서에 의해 생성된 파스 트리는 해당 쿼리가 구문적으로 올바른지 확인하기 위해 구문 확인을 거친다. 해당 쿼리에 대한 구문 확인이 성공적으로 끝나면 쿼리 전처리기에 전달된다. 그러고 나면 쿼리 전처리기는 쿼리의 테이블과 열이 존재하는지와 쿼리를 실행 중인 사용자가 해당 테이블에 접근할 권한이 있는지 등의 세부 사항을 검증한다. 쿼리가 쿼리 전처리기를 통과한 다음, 쿼리 최적화기query optimizer에 전달된다. 쿼리 최적화기에서 파스 트리는 쿼리 플랜query plan으로 변환된다.

쿼리는 동일한 결과를 내기 위해 여러 방식으로 실행될 수 있으며, 쿼리 최적화기는 현재 쿼리를 최소의 시간 안에 실행하기 위한 최적의 쿼리 플랜이 무엇인지 결정한다. 다음 절에서 우리는 쿼리 최적화에 대해 알아보고 쿼리 최적화기의 다양한 단계에 대해 이해할 것이다. 쿼리 최적화기로부터 쿼리 플랜이 선택된 다음에, 해당 쿼리 플랜이 쿼리 실행 엔진으로 전달되고, 쿼리 실행 엔진이 쿼리 플랜을 실행하여 원하는 결과를 얻는다.

쿼리 최적화와 인덱싱

이번 절에서 우리는 쿼리 최적화기가 수행하는 다양한 작업에 대해 이해한 다음, 쿼리 최적화가 어떤 식으로 이루어질 수 있는지 이해할 것이다. 그리고 나서, 인덱스를 생성하는 간단한 예제를 다룰 것이다. 쿼리 최적화기가 책임지고 있는 작업은 다음과 같다.

- 쿼리 실행을 최대한 쉽게 만들기 위해, 조인할 테이블의 최적화된 순서를 도출한다.
- 쿼리에서의 집합 및 수학적인 규칙 사용을 최적화하는 데 필요한 알고리즘을 적용한다.
- 최소한의 리소스를 사용하기 위해 정렬 연산을 최적화한다.
- 필터링 조건의 최단 경로를 적용한다. 필터링 조건이 거짓인 경우, 전체 쿼리가 실행되어야 한다.
- 사용 가능한 유즈 인덱스use index를 최적화한다.

지금까지 MariaDB 서버 쿼리 최적화기가 수행하는 쿼리 최적화 과정을 살펴봤으니, 우리가 수행할 쿼리를 이해하고 최적화하는 데 필요한 몇 가지 단계를 살펴보자. 최적화를 자세히 살펴보기 전에 샘플 쿼리를 최적화해보자. students 테이블을 사용할 것이고 이름이 "J"로 시작하는 모든 학생을 조회할 것이다. 실행 결과는 다음과 같다.

위 예제에서 우리는 이름이 "J"로 시작하는 학생의 학생 ID와 이름, 성을 조회하는 간단한 쿼리를 사용한다. 앞에서 쿼리 조회 시의 추천사항에서 배웠듯이, 상위 5개의 레코드만을 조회한다. 이제 해당 쿼리를 더 깊게 이해하기 위해 EXPLAIN 키워드를 사용해보자. 실행 결과는 다음과 같다.

```
MariaDB [course_registry]> explain select student_id, first_name, last_name from students where first_name like 'J%' limit 5;
+----+-------------+----------+------+---------------+------+---------+------+------+-------------+
| id | select_type | table    | type | possible_keys | key  | key_len | ref  | rows | Extra       |
+----+-------------+----------+------+---------------+------+---------+------+------+-------------+
|  1 | SIMPLE      | students | ALL  | NULL          | NULL | NULL    | NULL |   13 | Using where |
+----+-------------+----------+------+---------------+------+---------+------+------+-------------+
1 row in set (0.00 sec)
```

EXPLAIN 키워드를 포함한 위의 쿼리를 실행했을 때, 해당 쿼리가 최적화되지 않았다는 사실을 알리는 몇 가지 사항을 눈치챌 수 있다. 우리가 데이터를 필터링하기 위해 WHERE 절을 사용하고 있긴 하지만 데이터베이스 엔진은 해당 정보를 조회하기 위해 테이블의 모든 열을 읽는다. 이를 테이블 스캔table scan이라고 부르며, 테이블 스캔은 최적화된 성능을 내기 위해서는 피해야 한다. 테이블 스캔을 피하기 위한 가장 좋은 방법은 필터링에 사용하는 열에 인덱스를 추가하는 것이다. 쿼리를 최적화하기 위해 인덱스를 생성해보자. 다음 명령어에서 볼 수 있듯이, 우리는 ALTER TABLE DDL 명령어를 사용해 students 테이블의 이름 열에 인덱스를 추가한다.

```
alter table students add key IX_first_name(first_name);
```

인덱스를 생성한 다음, 이전 EXPLAIN 키워드를 포함한 쿼리를 실행하여 인덱스가 쿼리를 최적화하는 데 도움이 됐는지 살펴보자. 실행 결과는 다음과 같다.

```
MariaDB [course_registry]> explain select student_id, first_name, last_name from students where first_name like 'J%' limit 5;
+----+-------------+----------+-------+---------------+---------------+---------+------+------+-----------------------+
| id | select_type | table    | type  | possible_keys | key           | key_len | ref  | rows | Extra                 |
+----+-------------+----------+-------+---------------+---------------+---------+------+------+-----------------------+
|  1 | SIMPLE      | students | range | IX_first_name | IX_first_name | 63      | NULL | 5    | Using index condition |
+----+-------------+----------+-------+---------------+---------------+---------+------+------+-----------------------+
1 row in set (0.01 sec)
```

인덱스를 추가한 다음 쿼리를 실행하면, 해당 쿼리가 이름이 "J"로 시작하는 학생
을 찾기 위해 더 이상 테이블 스캔을 수행하지 않고 인덱스를 사용한다는 사실을
알 수 있다. 인덱싱 자체만으로도 매우 중요한 개념이어서 매우 주의 깊게 다뤄야
한다. 따라서 실운영 환경에서 인덱스를 생성하기 전에 철저하게 테스트해볼 것
을 권한다. 인덱스가 때때로 애플리케이션을 매우 느리게 만들 수 있다는 점을 명
심해야 한다. 쓰기 작업이 집중적으로 일어나는 환경을 생각해보자. 그러한 경우,
데이터베이스에 쓰기 작업이 일어날 때마다, 인덱스에 업데이트가 발생해야 한다.
따라서 인덱스를 모든 열에 생성해서는 안 되고, 필터링, 애그리게이팅aggregating,
정렬 등의 연산에 사용되는 열에만 생성해야 한다. 느린 쿼리 로그slow query log를
사용해 느린 쿼리가 있는지 모니터링하고 이러한 느린 쿼리를 우선 최적화하는 것
이 좋은 방안이다. 느린 쿼리 로그 자체만으로도 매우 큰 주제이고 이를 자세히 다
루는 것은 이 책의 범위를 벗어난다. 다음 절에서 PHP 코드의 성능을 최적화하기
위한 기법들에 대해 알아볼 것이다.

PHP 성능 최적화

지금까지 아파치 웹서버와 MaraiDB의 여러 성능 최적화 기법에 대해 알아봤다.
이제 PHP 코드 성능 최적화를 위한 추천사항에 대해 알아보자. 이번 절에서 우리
가 살펴볼 추천사항은 다음과 같다.

- 열려있는 리소스 연결이 있다면 종료하기
- 데이터베이스 호출 횟수 줄이기
- 데이터 교환 용도로 JSON 데이터 포맷 사용 권장하기

데이터베이스 연결이나 파일 핸들과 같이 열려 있는 리소스 연결이 있다면 닫아야 한다. 데이터베이스 연결 및 파일 핸들의 요청 횟수가 증가함에 따라 하나의 PC에서 사용되는 리소스는 꽤 많아질 수 있다. 따라서 이러한 연결을 열어둔 채 놔두는 것은 좋은 생각이 아니다. 성능을 최적화하는 데 도움이 되는 다른 기법으로 데이터베이스 호출 횟수를 줄이는 것이 있다. 특히나 데이터베이스가 웹서버와 다른 PC에 위치하면 더욱 더 데이터베이스 호출 횟수를 줄여야 한다. 네트워크 리소스와 대역폭 역시 이러한 결정을 내릴 때 반드시 고려해야 할 부분이다. 데이터베이스 호출이 줄어들면 네트워크 리소스도 덜 사용하기 때문이다. 마지막 추천사항은 애플리케이션 관련된 내용이다. 데이터를 전달할 때 항상 JSON 데이터 포맷을 사용할 것을 권한다. 또 다른 널리 쓰이는 포맷 중 하나인 XML은 JSON과 비교할 때 매우 무겁다. 따라서 데이터 교환 목적으로 JSON 데이터 포맷을 사용하는 것이 네트워크를 통해 전송되는 데이터 양을 줄이는데 도움이 된다. 지금까지 PHP 코드의 성능 최적화를 위한 몇 가지 추천사항을 살펴봤다. 다음 절에서는 고급 성능 향상 기법을 알아볼 것이다. 이러한 고급 성능 향상 기법으로는 정적 캐싱static caching을 위해 콘텐트 전달 네트워크와 리버스 프록시reverse proxy 사용, 마스터-슬레이브 데이터베이스 아키텍처에서 데이터베이스 복제 기법 사용 등이 있다.

CDN, 리버스 프록시, 데이터베이스 복제

이번 절에서 콘텐트 전달 네트워크CDN, Content Delivery Network와 리버스 프록시에 대해 간단히 소개하고 데이터베이스 복제의 개념에 대해 알아볼 것이다. 애플리케이션이 커짐에 따라 수신되는 초당 요청의 매우 커지면 CDN, 리버스 프록시, 데이터베이스 복제를 사용해야 한다. CDN은 여러 다른 지역에 걸쳐 설치된 대규모 서버들을 의미한다. 예를 들어, 미국에 설치된 웹사이트가 인도에 있는 사용자로부터 요청을 받는다고 생각해보자. 이러한 요청을 처리하기 위해서 미국의 서버를 사용하면 응답을 생성하고 인도에 있는 사용자에게 이러한 응답을 전달하는 데 꽤 많은 시간이 걸린다. 콘텐트가 가까이에 있다면 이러한 요청을 처리하기가 더 쉬울 것이고, 요청을 처리하는 데 걸리는 시간도 더 짧을 것이다. CDN은 이러한 문제를 해결하는 데 유용하다. CDN을 사용하면 정적인 콘텐트를 여러 지역의 서버에 저장하여 사용자가 콘텐트를 요청했을 때 가장 가까운 서버로부터 사용자의 요청을 처리한다. 리버스 프록시는 정적 콘텐트를 저장하고 전달한다는 점에 있어서는 CDN과 비슷하다. 하지만 리버스 프록시는 최종 사용자 근처에 꼭 있어야 하는 것은 아니다. 널리 사용되는 리버스 프록시로는 바니시Varnish와 스퀴드Squid가 있다.

10장에서 마지막으로 살펴볼 주제는 데이터베이스 복제의 개념이다. 애플리케이션의 크기가 커짐에 따라 하나의 데이터베이스 서버가 모든 요청을 처리하기는 매우 어렵다. 하나의 마스터 데이터베이스 서버가 요청을 공유하는 추가적인 슬레이브 노드의 지원을 받는 것은 매우 일반적이다. 데이터베이스 복제는 슬레이브 데이터베이스 서버가 마스터 데이터베이스 서버와 동기화될 수 있도록 유지하는 데 사용된다.

요약

10장에서 아파치와 MariaDB, PHP 관련 여러 최적화 기법과 추천사항에 대해 알아봤다. 성능 최적화는 매우 중요한 개념이지만 대부분의 웹사이트에 있어 처음부터 필요한 부분은 아닐 것이다. 하지만 항상 주시하고 필요 시 시스템을 최적화할 준비가 되어 있는 것이 중요하다. 애플리케이션 중단기간downtime과 페이지 로딩 시간은 웹사이트의 성공적인 운영을 위해 매우 중요하다. 또한 성능 최적화는 애플리케이션의 중단기간이 필요 없도록 만들며 페이지 로딩 시간을 빠르게 한다.

지금까지 MariaDB와 PHP 프로그래밍 기본부터 시작해 캐싱과 보안, 성능 최적화와 같은 고급 주제를 다뤘다. 웹 애플리케이션 개발은 긴 여행과도 같다. 이 책이 안정적인 웹 애플리케이션을 개발하는 데 있어 강력한 토대를 제공해줄 것이다.

부록 A
PHP, MariaDB, 아파치 설치

수년 전만 하더라도 피자를 주문하기 위해 가까운 피자 가게를 방문해야 했거나, 다른 계좌로 송금하기 위해 은행에 방문해야 했거나, 원하는 책을 고르기 위해 서점에 가서 시간을 보내야만 했던 경험이 있을 것이다. 요즘에는 피자를 주문하거나 송금하거나 원하는 책을 찾는 일을 몇 분 안에 마우스 클릭 한 번으로 해결할 수 있다. 인터넷은 많은 비즈니스 프로세스에 혁신을 가져왔다. 요즘에는 인터넷에 대해 들어본 적이 없거나 사용해본 적이 없는 사람을 찾기 어렵다. 그렇다면, 개인, 비즈니스, 회사가 인터넷을 활용하기 위해 어떻게 해야 하는 걸까? 우리는 인터넷을 활용하기 위해 웹 페이지와 웹사이트를 사용한다. 부록 A에서는 웹사이트를 구축하는 데 필요한 웹서버와 같은 구성요소와 서버 측 스크립트 언어용 라이브러리, 관계형 데이터베이스 서버를 설치하기 위한 단계별 가이드를 제공한다.

웹 개발에 있어 가장 널리 사용되는 구조는 클라이언트-서버 구조다. 어떤 사용자가 웹 사이트의 콘텐트를 요청한다면, 해당 사용자의 PC가 클라이언트가 된다. 또는 어떤 웹 페이지가 다른 웹 페이지의 콘텐트를 요청한다면, 해당 웹 페이지가 클라이언트가 된다. 서버는 인터넷에서 사용자로부터 요청을 받아서 요청된 웹 콘텐트를 전달하는 소프트웨어를 말한다. 요청의 종류에 따라, 서버는 서버 측 스크립트 프로그램의 지원을 받아 복잡한 연산을 수행하고, 프로세스를 실행하기도 한다. 웹서버가 클라이언트의 요청을 해석하고 클라이언트에 필요한 응답을 생성하기 위해 서버 측 스크립트 언어를 사용해 스크립트를 작성한다. 해당 웹사이트에 필요한 데이터가 임시 데이터가 아니라 계속 유지되어야 하는 경우, 해당 데이터를 파일이나 데이터베이스에 저장해야 한다. 이 책에서는 웹사이트를 구축하기 위해 아파치 웹서버와 PHP 서버 측 스크립트 언어, MariaDB를 사용할 것이다. 아파치, MariaDB, PHP는 일반적인 운영체제에서 사용할 수 있는 무료 오픈소스 소프트웨어OSS, open source software다.

아파치 HTTP 서버는 1996년부터 가장 인기 있는 웹서버로 자리 잡았다. 넷크래프트NetCraft가 2013년 7월에 실시한 설문에 따르면, 전체 웹사이트들의 50퍼센트 이상이 아파치 HTTP 서버를 사용 중이었다. 아파치 HTTP 서버는 로드 밸런서load balancer로도 널리 사용된다. 로드 밸런싱load balancing은 이름에서 알 수 있듯이 클라이언트의 요청을 여러 컴퓨터로 분산해 하나의 컴퓨터에 부하가 걸리는 것을 막기 위한 방법이다. 웹 애플리케이션을 실행 중인 여러 컴퓨터들을 로드 밸런서와 함께 사용한다면, 애플리케이션은 높은 가용성을 보장할 것이다. 로드 밸런싱과 고가용성에 대한 개념은 이후에 자세히 살펴본다.

PHP는 웹 개발에 널리 사용되는 서버 측 스크립트 언어다. 현재 2억4천4백만 개의 웹사이트가 PHP를 사용 중이다. 이 책을 집필 중인 현 시점을 기준으로 PHP의 안정적인 버전은 5.5이다. 아직까지 대다수 기존 웹사이트와 호스팅 서버가 PHP 5.4와 5.3 혹은 더 낮은 버전을 사용 중이다. 이 책에서는 PHP 5.5를 사용할 것이다. PHP는 인터프리터 프로그래밍 언어다. PHP 코드는 한 줄 한 줄 실행되며 실행코드opcode, operation code로 변환된다. 실행코드는 수행될 작업을 명시하는 기계어 명령어들로 구성된다. 매 요청마다 PHP 코드를 해석해야 하기 때문에, 프리컴파일 언어와 비교할 때 요청을 처리하는 데 걸리는 시간이 오래 걸린다. 컴파일 언어는 코드를 한 번 컴파일하면 요청 때마다 컴파일된 코드가 실행되기 때문이다.

하지만 PHP 5.5에는 PHP 바이트 코드 컴파일러의 결과를 메모리에 저장하는 실행코드 캐시가 기본으로 포함된다. 실행코드 캐시 덕분에, PHP 코드가 한 번 호출된 이후에는 해당 코드에 대한 요청에 걸리는 시간이 줄어들고, 디스크 입출력 연산에 걸리는 시간도 줄어든다. 실행코드 캐시는 기본값으로 꺼져 있기 때문에, 7장에서 실습을 위해 해당 옵션을 켤 것이다.

 가장 많이 설치된 PHP 버전은 5.3이다.

MariaDB는 관계형 데이터베이스 관리 시스템RDBMS으로, 널리 사용되는 MySQL 데이터베이스 관리 시스템으로부터 파생되었다. MariaDB는 MySQL과 호환 가능한 대체 데이터베이스로 알려져 있다. MariaDB는 마이클 몬티 와이드니어스 Michael Monty Widenius와 MySQL 핵심 개발 팀에 의해 2009년 1월에 첫 출시되었다. MySQL이 오라클Oracle에 인수된 이후에 어떤 방향으로 흘러갈지에 대해 MySQL 초기 개발자의 우려가 MariaDB 출시에 영향을 미쳤다. MariaDB는 MySQL과 호환 가능한 대체 데이터베이스를 목적으로 했기 때문에, MariaDB를 개발한 개발자들은 MariaDB가 기존 MySQL API와 명령어와 호환되도록 하는 데 심혈을 기울여 코드를 작성했다.

 MySQL과 비교할 때 하위쿼리, 데이터 복제, 인덱싱의 속도는 MariaDB에서 더 빠르다.

맥 OS X에서 AMP 설치하기

맥 OS X 운영체제에서 APM 스택을 사용해 웹 개발을 하기 위해서는 우선 Web Sharing(웹 공유) 옵션을 켜야 한다. Web Sharing은 HTTP에 필요한 포트를 열어 다른 사용자들이 해당 PC의 웹 페이지를 볼 수 있도록 한다. Web Sharing을 켜려면, 도킹바의 System Preferences(시스템 환경설정) 아이콘을 클릭한 다음, Sharing(공유) 아이콘을 클릭한다. 그러고 나서 Web Sharing 체크박스가 설정되어 있는지 확인한다. 해당 체크박스가 설정되어 있지 않다면, Web Sharing 체크박스를 클릭하여 설정하고, System Preferences 창의 왼쪽 하단에 있는 잠금 아이콘을 클릭한다(다음 화면 참고).

이제 AMP 스택을 설치할 준비가 됐다. 우선, 운영체제에 명령을 내리기 위한 셸 shell을 제공하는 터미널 창을 열자. 터미널 창을 열기 위해 도킹바의 Finder(검색 필드)를 클릭한 다음, Applications(애플리케이션)를 클릭하고, Utilities(유틸리티)를 클릭한 후, Terminal(터미널)을 더블클릭한다.

 접근 경로는 Finder > Applications > Utilities > Terminal 순이다.

아파치 웹서버는 맥 OS X에 이미 탑재되어 있는 시스템 소프트웨어다. 일반 사용자 계정은 아파치 웹서버를 사용하기 위한 충분한 권한을 지니지 않는다. 아파치를 사용하기 위해서는 루트 접근 권한이 필요하다. 우리는 Terminal 창을 사용해서 루트 접근 권한을 요청할 것이다. 루트 접근 권한을 요청하기 위해서는 Terminal 창에 sudo su라고 입력한다. 엔터키를 치는 순간, 운영체제는 루트 사용자의 패스워드를 입력하라고 요구할 것이다. 다음 화면에서 Terminal 창을 확인할 수 있다.

루트 접근 권한을 얻고 나면, 다음으로 설치된 아파치 웹서버를 시작시켜야 한다. start 명령어를 사용해 아파치 웹서버를 시작시킬 것이다.

이제 웹서버가 실행 중이므로 아파치 웹서버의 기존 설정을 살펴보자. 아파치 웹서버의 설정은 httpd.conf 파일에 저장된다. httpd.conf 파일은 다른 아파치 설정 파일과 마찬가지로 /etc/apache2 폴더에 저장된다. vi 텍스트 에디터를 사용해 httpd.conf 파일을 편집할 것이다. 편집을 위해 원하는 텍스트 에디터를 사용해도 무방하다.

 vi 에디터에 친숙해지는 좋은 방법 중 하나는 vimtutor를 사용하는 것이다. 해당 툴은 vi 에디터를 사용하는 데 도움을 준다.

httpd.conf 파일을 변경하려면 루트 접근 권한이 필요하다는 사실을 명심하자. 우리는 Terminal 창에서 이미 루트 권한을 얻었다. 다음 화면은 /etc/apache2 폴더의 httpd.conf 파일을 편집하기 위해 vi 에디터를 사용하는 예를 보여준다.

httpd.conf 파일에서 첫 번째로 변경할 사항은 DocumentRoot이다. DocumentRoot 폴더에는 웹서버에 접근 가능한 모든 파일이 위치한다. DocumentRoot 폴더 바깥에 위치한 파일은 웹서버에 접근할 수 없기 때문에, 외부 사용자가 접근할 수 없는 파일이다. DocumentRoot 항목 앞에 #을 추가해서 기존 DocumentRoot 설정을 주석처리하자. 새로운 줄을 추가한 다음, DocumentRoot 폴더에 원하는 위치를 설정하자. /var/www를 DocumentRoot에 설정할 것이다.

```
<IfDefine WEBSHARING_ON>
#
# DocumentRoot: The directory out of which you will serve your
# documents. By default, all requests are taken from this directory, but
# symbolic links and aliases may be used to point to other locations.
#
#DocumentRoot "/Library/WebServer/Documents"
DocumentRoot "/var/www"
```

두 번째로 Directory 설정을 DocumentRoot에 설정한 폴더로 변경한다.

```
#
# This should be changed to whatever you set DocumentRoot to.
#
#<Directory "/Library/WebServer/Documents">
<Directory "/var/www">
    #
    # AllowOverride controls what directives may be placed in .htaccess files.
    # It can be "All", "None", or any combination of the keywords:
    #   Options FileInfo AuthConfig Limit
    #
    AllowOverride All

    #
    # Controls who can get stuff from this server.
    #
    Order allow,deny
    Allow from all

</Directory>
```

변경사항을 저장하고 편집기를 닫는다. 아파치 웹서버는 시작 시에 httpd.conf 파일을 읽어 들이기 때문에, 변경사항을 적용하기 위해, 웹서버를 다시 시작해야 한다.

 아파치를 재시작하기 전에 설정이 올바른지 테스트하기 위해 apachectl이 제공하는 configtest 옵션을 사용할 것을 권장한다.

restart 명령어를 사용해 아파치 웹서버를 재시작한다.

지금까지 문서 루트 설정을 마쳤고, 아파치 웹서버가 해당 문서 루트에 접근하도록 아파치 웹서버를 재시작했다. 이제 문서 루트에 설정했던 폴더를 생성해야 한다. mkdir 명령어를 사용해 폴더를 생성한다.

이제 문서 루트가 생성됐으니, 아파치 웹서버에 해당 폴더에 대한 필요한 접근을 부여해야 한다. 이 접근 권한은 문서 루트에 위치한 파일의 읽기, 쓰기, 실행 권한을 의미한다. /etc/passwd 파일은 PC에서 사용자 목록과 해당 사용자의 역할에 대한 설명을 저장하고 있다. /etc/passwd 파일을 사용해 아파치 웹서버의 사용자 개체를 조회할 것이다.

아파치는 _www 사용자로 등록되어 있고, 해당 사용자에 대한 설명은 World Wide Web Server이다. 다음으로, _www 사용자에게 위에서 설정한 문서 루트 폴더인 /var/www에 대한 소유자 접근 권한을 부여한다. chown 명령어를 사용해 해당 폴더에 대한 소유자와 그룹 접근 권한을 변경한다.

222

cd 명령어를 사용해 /var/www 폴더에 들어간 다음, 원하는 에디터를 사용해 테스트용 HTML 웹 페이지를 만든다. 테스트용 HTML 웹 페이지의 목적은 아파치가 정상 동작하는지와 정상적으로 요청된 콘텐트를 제공하는지를 확인하기 위함이다. 다음 화면에서 테스트 HTML 웹 페이지의 코드를 확인할 수 있다.

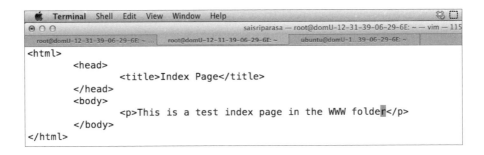

위의 테스트 HTML 페이지를 저장한 다음, 해당 웹 페이지를 웹 브라우저에서 로딩해보자. 웹 페이지에 접근하기 위해 URL 입력 시, 파일 이름 앞에 localhost/라고 입력해야 한다. 해당 URL을 웹 브라우저의 주소창에 입력하고 엔터를 입력한다. 문단 태그(<p>, </p>) 사이에 위치한 메시지가 웹 브라우저에 표시되어야 한다.

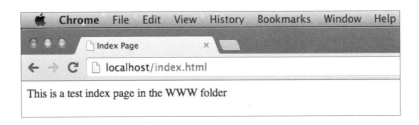

네트워크는 localhost 호스트네임을 현재 사용 중인 컴퓨터로 간주한다. 따라서 사용자들은 사용 중인 컴퓨터의 내부 네트워크에 루프백 인터페이스를 통해 접근하기 위해 localhost를 호스트네임으로 사용할 수 있다. localhost 호스트네임이 매핑되는 IP 주소는 127.0.0.1이고, 127.0.0.1 대신에 localhost를 사용하거나 localhost 대신에 127.0.0.1을 사용할 수 있다.

127.0.0.1은 IP 버전 4 루프백 주소다. IP 버전 6의 루프백 주소는 ::10다. 이는 128비트 숫자로, 첫 번째 비트부터 127번째 비트는 0이고, 128번째 비트는 1인 것이다.

테스트를 통해 아파치가 제대로 동작하는 것을 확인했다. 이제 PHP를 살펴보자. PHP는 기본으로 설치되어 있고, 맥 매버릭Mac Mavericks에 설치된 PHP의 버전은 5.4이고, 맥 라이온Mac Lion에 설치된 PHP의 버전은 5.3이다. PHP는 기본 설정으로 꺼져있기 때문에, 아파치를 시작할 때 php5_module을 로딩하기 위한 명령 줄의 주석처리를 해제해야 한다. 아파치 설정 파일(/etc/apache2/httpd.conf)을 연다. 해당 파일은 앞에서 문서 루트 설정할 때 사용했던 파일이다. php5_module이라는 문자열을 검색한 다음, # 태그를 제거해 해당 줄의 주석처리를 해제한다.

```
Terminal  Shell  Edit  View  Window  Help
                                     saisriparasa — root@domU-12-31-39-06-29-6E: ~
root@domU-12-...ww/saisriparasa    root@domU-12-31-39-06-29-6E: ~    ubuntu@domU-1...39-06-29-6E: ~
LoadModule alias_module libexec/apache2/mod_alias.so
LoadModule rewrite_module libexec/apache2/mod_rewrite.so
LoadModule php5_module libexec/apache2/libphp5.so
```

아파치가 설정 파일의 변경사항을 감지할 수 있도록 웹서버를 재시작해야 한다. 앞에서 사용했던 restart 명령어를 사용해 아파치 웹서버를 재시작하자. 현재 안정적인 PHP 버전은 5.5이고, 우리는 PHP 5.5를 설치할 것이다. 운영체제에 기본 탑재된 PHP 패키지는 그대로 놔둘 것이다. 다른 버전과의 기능 비교를 위해 기본 탑재된 PHP 패키지를 활용할 수도 있다. PHP 5.5를 설치하기 위해 http://php-osx.liip.ch/에서 제공하는 셸 스크립트를 사용할 것이다. 해당 셸 스크립트는 PHP를 설치하고 빌드한다. 해당 셸 스크립트에 명령 줄 요청을 하기 위해 curl 명령어를 사용할 것이다. 이때, 설치하고자 하는 PHP 버전이 5.5라고 다음 화면과 같이 명시하면 된다.

```
sh-3.2# curl -s http://php-osx.liip.ch/install.sh | bash -s 5.5
```

위의 `curl` 명령어가 성공적으로 실행된 경우 PHP 5.5가 /usr/local/php5 폴더에 설치될 것이다. PHP 5.5의 바이너리 위치를 `PATH` 변수에 추가해야 한다. .bash_profile 파일을 사용해 PHP 5.5 바이너리의 위치를 `PATH` 변수에 추가한다. .bash_profile 파일은 사용자가 성공적으로 로그인한 경우에 로딩되어야 할 설정을 저장하는 데 주로 사용된다. 맥 OS X의 터미널 앱이 터미널 셸이 열릴 때마다 백그라운드에서 로그인을 실행하기 때문에, .bash_profile 파일에 추가한 설정은 자동 로딩된다.

 .bash_profile 파일이 존재하지 않는 경우, 직접 생성해야 한다.

원하는 텍스트 에디터를 사용해 .bash_profile 파일을 열거나 생성한다.

```
Sais-MacBook-Pro:~ saisriparasa$ vi ~/.bash_profile
```

.bash_profile을 열어, 기존 `PATH` 변수에 PHP 5.5 바이너리의 위치를 추가하자. `PATH` 변수는 사용자가 명령어를 날렸을 때, 실행 파일을 찾기 위한 디렉토리를 저장하는 환경 변수이다. `PATH` 변수 덕분에 운영체제는 실행 파일의 위치에 대한 메타데이터를 손쉽게 저장할 수 있다. 실행 파일을 포함하는 디렉토리들의 각 위치는 콜론(:)으로 구분된다. 새로운 디렉토리 위치가 `PATH` 변수에 추가되는 경우, 해당 위치는 해당 스크립트의 범위 내에서만 사용 가능하다. `export` 키워드를 사용해 해당 위치를 스크립트 범위 밖에서도 사용할 수 있도록 만들자.

.bash_profile 파일에 `export PATH=/usr/local/php5/bin:$PATH`를 추가하자. PATH 변수를 수정했으니, 셸에 PATH 변수를 출력하여 변경사항이 제대로 반영됐는지 확인하자. 변경사항이 제대로 반영되지 않았음을 확인할 수 있다. .bash_profile 파일 내 설정은 새로운 셸이 로딩될 때에만 로딩되기 때문이다. 설정을 재로딩하지 않는 한 PATH 변수에 적용한 변경사항은 현재 셸 내에서는 사용할 수 없다.

.bash_profile 파일을 재로딩하는 두 가지 방법이 있다. 첫째, source 명령어를 사용할 때 .bash_profile을 source 명령어 뒤에 붙이면 된다. 둘째, . 문자를 사용해 다음 화면처럼 설정을 재로딩할 수 있다.

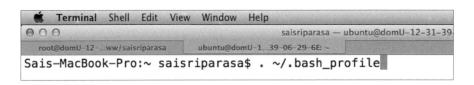

.bash_profile 파일이 재로딩되면 새로운 PATH 변수를 사용할 수 있고, 앞에서 설치한 PHP의 버전을 확인할 수 있다. PHP 실행파일이 제공하는 -v 옵션을 사용해 현재 PHP 버전을 출력해볼 수 있다.

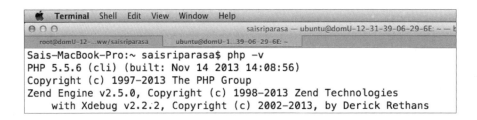

위의 화면은 PHP 5.5가 성공적으로 설치되었음을 보여준다. 다음으로 맥 OS X에 MariaDB를 설치해보자. 맥 OS X에 MariaDB를 설치하기 위해, 홈브루_{Homebrew}를 사용할 것이다. 홈브루는 맥 OS X의 패키지 매니저로 기본 탑재되어 있지 않다.

 홈브루가 아직 설치되어 있지 않다면, 터미널 앱에서 다음 설치 명령어를 실행하자.

```
ruby -e "$(curl -fsSL https://raw.github.com/Homebrew/homebrew/
go/install)"
```

홈브루를 설치한 다음, `brew update`를 실행하여 모든 필요한 업데이트를 수행한다. 업데이트가 성공적으로 끝났으면, MariaDB를 설치할 차례다. MariaDB는 명령어 한 줄로 설치할 수 있을 만큼 간단하다. 홈브루의 `install` 명령어를 사용해 MariaDB를 설치하자(다음 화면 참고).

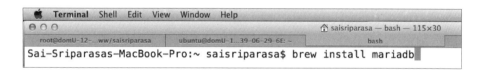

MariaDB가 성공적으로 설치되면, MariaDB를 실행하는 데 필요한 데몬_{daemon}을 운영체제가 인식하도록 해야 한다. 맥 OS X은 속성 목록(plist, property list) 파일을 사용해 애플리케이션을 실행하는 데 필요한 속성을 관리한다. MariaDB는 launchd와 호환되기 때문에, 필요한 plist 파일들을 포함하고 있다. `launchd` 명령어는 맥 운영체제와 개별 사용자를 위해 프로세스를 관리한다. MariaDB 데몬을 실행하거나 로딩하는 데 사용되는 plist 파일들은 /usr/lcoal/opt/mariadb 폴더에 위치한다. MariaDB가 데몬으로 실행되도록 하기 위해 해당 plist 파일들에 대한 참조를 ~/Library/LaunchAgents 폴더에 생성해야 한다.

이제 MariaDB의 plist 파일에 대한 참조를 ~/Library/LaunchAgents 폴더에 생성했으니, `launchctl` 명령어를 사용해 MariaDB 데몬을 실행할 수 있다. launchctl은 필요한 프로세스를 관리하기 위해 launchd와 통신한다. launchctl의 `load` 명령어를 사용해 MariaDB 데몬을 실행하는 데 필요한 설정들을 로딩할 것이다.

설정을 성공적으로 로딩한 다음, `PATH` 변수를 수정하여 `mysql` 명령어가 인식되도록 해야 한다. MariaDB의 실행 파일을 찾을 수 있도록 `PATH` 변수를 설정할 것이다. .bash_profile 파일을 텍스트 편집기로 연 다음, MariaDB의 실행파일 위치를 추가하자.

.bash_profile 파일을 저장한 다음, `source` 명령어를 사용하거나 . 연산자를 사용해 해당 파일을 재로딩한다. 이제 MariaDB 데몬을 실행하기 위한 모든 필수 설정들을 마쳤다. `start` 명령어를 사용해 MariaDB 데몬을 시작한다.

MariaDB 설치와 설정이 성공적으로 끝났고, MariaDB 서버가 실행 중이다. MariaDB 데이터베이스 서버에 접속해보자. -u 옵션을 사용해 사용자이름 root로 접속해보자.

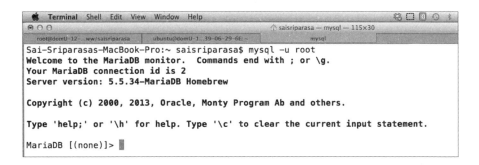

MariaDB의 기본 root 로그인은 암호를 요구하지 않는다. 하지만, 암호를 설정하는 것이 안전하다. root 사용자의 암호를 설정해보자.

```
MariaDB [(none)]> use mysql;
Reading table information for completion of table and column names
You can turn off this feature to get a quicker startup with -A

Database changed
MariaDB [mysql]>
```

위에서 use 명령어를 사용해 MySQL 데이터베이스를 사용하겠다고 명령했다. 이제 MySQL 데이터베이스를 사용 중이니, UPDATE SQL 문을 사용해 root 사용자의 비밀번호를 변경하자(UPDATE 문은 뒤에서 다시 자세히 살펴볼 것이다). 이름에서 알 수 있듯이, UPDATE SQL 문은 테이블의 데이터를 수정하는 데 사용된다(다음 화면 참고). 뒤에서 다양한 SQL 문에 대해 살펴볼 것이다.

```
Database changed
MariaDB [mysql]> update user set password=
    -> PASSWORD("newpassword")
    -> where User = "root";
Query OK, 4 rows affected (0.10 sec)
Rows matched: 4  Changed: 4  Warnings: 0
```

 예제 다운로드

계정을 통해 구입한 팩트출판사에서 나온 책의 예제 코드 파일은 http://www.packtpub. com에서 다운로드할 수 있다. 팩트출판사의 계정을 통해 구입하지 않고, 다른 곳에서 구입한 경우에는 http://www.packtpub.com/support에 방문해 회원 가입을 하면 이메일을 통해 예제 코드 파일을 받아볼 수 있다. 에이콘출판사의 도서정보 페이지 http://www. acornpub.co.kr/book/php-mariadb에서도 예제 코드를 다운로드할 수 있다.

위의 쿼리를 위의 화면과 같이 성공적으로 실행한 경우, 권한을 재로딩하여 캐싱된 권한 메타데이터를 삭제해야 한다.

```
MariaDB [mysql]> flush privileges;
Query OK, 0 rows affected (0.07 sec)
```

권한이 적용되면, quit 명령어 또는 exit 명령어를 사용해 MariaDB 셸을 닫을 수 있다. 그리고 다시 MariaDB 서버에 접속할 때, -u 옵션과 -p 옵션을 사용자이름 root와 함께 사용해보자. 명령어를 입력한 다음, 엔터를 치는 순간 MariaDB는 암호를 입력하라고 요청할 것이다. 위에서 설정한 암호를 입력하면 MariaDB에 로그인할 수 있다.

윈도우에서 AMP 설치하기

윈도우에서 AMP를 설치하는 것은 맥 OS X에 비하면 비교적 간단하다. WAMP 나 XAMPP 같은 다양한 웹서버 솔루션 스택이 있다. 우리의 경우, 두 가지 패키지 를 다운로드할 것이다. 첫 번째 패키지는 XAMPP이고, 두 번째 패키지는 MariaDB 데이터베이스 스위트suite다. XAMPP는 아파치 웹서버와 MySQL 데이터베이스 서 버, PHP와 Perl 스크립용 라이브러리를 포함한 무료 오픈소스 스택 패키지다. 이 책에서는 아파치 웹서버와 PHP 라이브러리는 사용하지만, MySQL 대신 MariaDB 를 사용할 것이기 때문에, XAMPP 스택이 제공하는 MySQL 데이터베이스 서버는 무시할 것이다. 윈도우용 XAMPP를 다운로드하려면 http://www.apachefriends. org/en/xampp-windows.html을 방문해 PHP 5.5를 포함하는 패키지를 선택한 다. 이 책을 집필 중인 현 시점을 기준으로 PHP 5.5를 포함한 XAMPP 스택의 버 전은 1.8.3이다. 다운로드가 끝나면 관리자 권한으로 설치 파일을 실행한다.

XAMPP 스택을 설치하기 위한 첫 번째 단계는 다음 화면과 같다. Next를 클릭해 다음 단계로 넘어간다.

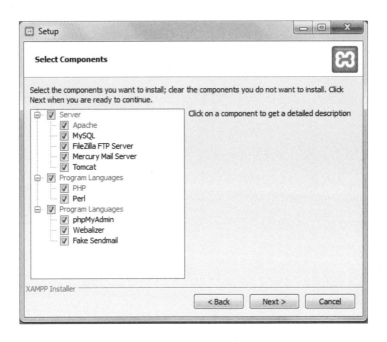

우리는 XAMPP 스택의 기본 설치를 그대로 사용할 것이기 때문에, 위의 화면과 같이 어떤 기본 선택도 변경하지 않는다. 이 책의 뒤에서 실운영 환경에서 필요한 점을 지원하기 위해 서버 스택을 최적화하는 방법에 대해 이야기할 것이다. 그때, 우리의 실운영 환경에 필요한 구성요소를 수정하기 위해 설치에 대해 다시 알아볼 것이다.

Next를 클릭하여 설치 다음 단계로 넘어간다. 이 단계에서, XAMPP 패키지의 기본 설치 위치를 그대로 사용한다. 우리는 설치 시, 기본값들을 그대로 사용할 것이므로 다음 화면에서 보는 것처럼 Next를 클릭한다. 위의 단계가 설치의 마지막 단계였고, 이제 XMAPP 서버 스택의 설치가 완료되었다.

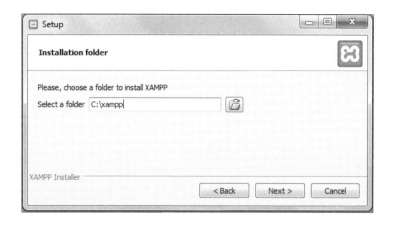

다음 화면의 XAMPP 제어판은 XAMPP가 제공하는 모든 도구를 관리하기 위한 프로그램이다. 우리는 아파치 웹서버와 PHP 라이브러리만을 사용하기 때문에, 나머지 도구는 끈다. XAMPP 서버 스택은 C:/xampp에 설치되었다. 필요한 설정 파일에 접근하려면 아파치의 경우 C:\xampp\apache\conf로 이동하고, PHP의 경우 C:\xampp\php로 이동한다. XAMPP 스택의 기본 문서 루트는 C:\xampp\htdocs이다.

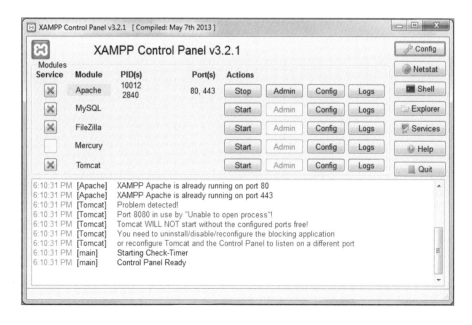

HTML 테스트 페이지를 생성해 아파치 서버가 잘 설치됐는지 확인해보자.

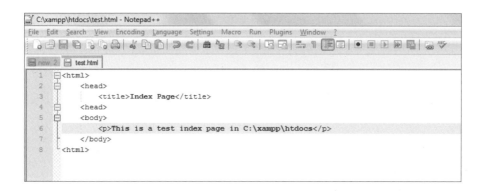

C:\xampp\htdocs 폴더에 간단한 HTML 테스트 페이지를 만든다. 이 책에서는 Notepad++을 사용해 HTML 테스트 페이지를 만들었고, 여러분에게도 Notepad++을 추천한다. 이제 HTML 페이지가 준비됐으니, 아파치 서버가 해당 HTML 페이지를 정상적으로 로딩하는지 확인해보자.

위 화면에서 보듯이, XAMPP 스택이 제공하는 아파치 HTTP 서버는 테스트 HTML 페이지를 정상적으로 로딩한다. 이제 MariaDB 데이터베이스 서버를 설치할 차례다. 윈도우에서 MariaDB를 설치하려면 MariaDB 서버의 최신 MSI 패키지를 다운로드해야 한다. 이 책을 집필 중인 현 시점을 기준으로 안정적인 최신 MSI 패키지는 5.5.34이다. MariaDB 웹사이트의 **다운로드**(Downloads) 섹션(https://downloads.mariadb.org/mariadb)을 방문해 최신 버전을 내려받자. 다운로드가 완료되면 설치파일을 마우스 오른쪽 버튼으로 클릭해 관리자 권한으로 실행한다.

설치파일을 실행하면 다음과 같은 화면이 나타난다.

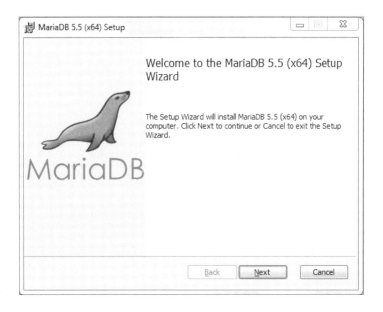

초기 화면에서 Next 버튼을 클릭한 다음, 라이선스 조항을 살펴보고 라이선스 조항에 동의를 한다. 그러면 다음 화면과 같은 설정 화면이 나타날 것이다.

root 사용자에 강력한 비밀번호를 설정하고 **Next** 버튼을 클릭한다. 사용자들이 원격 컴퓨터에서 MariaDB 서버에 접근할 수 있도록 허용하는 방법을 이 책에서 다시 다룬다. 원격 컴퓨터로부터의 접근을 허용하기 전에, 원격 접근이 갖는 장점, 위험성 등에 대해 철저히 살펴본다. 다음 화면은 데이터베이스 설정의 기본값 설정을 보여준다.

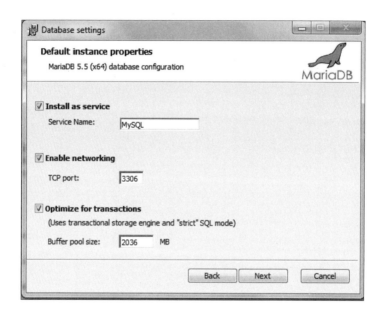

기본 설정을 그대로 유지할 것이기 때문에, 기본값을 변경하지 않고 그대로 둔다. MariaDB가 동작하는 포트 번호가 3306이라는 점을 명심하자. XAMPP의 MySQL 서버도 기본값으로 동일한 포트 번호를 사용하기 때문에, MySQL 서버를 반드시 꺼야 한다.

설치가 끝나면 다음과 같은 화면이 나타날 것이다.

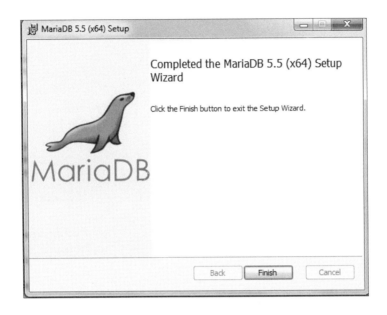

설치가 성공적으로 완료되었다. 이제 MariaDB 데이터베이스 서버에 접속하기 위해 윈도우의 Start 버튼을 클릭한 다음, All Programs(모든 프로그램)를 클릭하고, MariaDB(5.5)를 찾아서 MySQL client(MariaDB 5.5)를 클릭해 MariaDB 데이터베이스 서버에 클라이언트로 접속한다. MariaDB는 기본값으로 root 사용자가 클라이언트로 접속한다고 가정하고, 사용자에게 root 사용자의 비밀번호를 입력하라고 요청한다. 성공적으로 로그인하면, 사용자는 다음과 같이 접속 성공 메시지를 받는다. 사용자는 이제 MariaDB 데이터베이스 서버에 쿼리를 실행할 수 있다.

 MySQL Workbench는 MariaDB에 접속하고 쿼리를 실행할 수 있는 널리 사용되는 GUI 툴이다.

```
MySQL Client (MariaDB 5.5 (x64)) - "C:\Program Files\MariaDB 5.5\bin\mysql.exe" "--defaults-file...
Enter password: *****
Welcome to the MariaDB monitor.  Commands end with ; or \g.
Your MariaDB connection id is 1
Server version: 5.5.34-MariaDB mariadb.org binary distribution

Copyright (c) 2000, 2013, Oracle, Monty Program Ab and others.

Type 'help;' or '\h' for help. Type '\c' to clear the current input statement.

MariaDB [(none)]>
```

리눅스(우분투)에 AMP 설치하기

리눅스는 여러 배포판이 있다. 그중 우분투Ubuntu는 오픈소스 프로그래머들 사이에 가장 있기 있는 배포판 중 하나다. 우리는 최신 우분투 배포판인 우분투 13.10(Saucy Salamander)를 사용할 것이다. 우분투 13.10은 아파치 웹서버를 포함하고 있다. 우분투에 설치된 아파치의 기본 문서 루트는 /var/www이다. 다음과 같이 테스트 HTML 페이지를 작성하여 아파치 웹서버가 정상적으로 동작 중인지 확인해보자.

```
root@adminuser-VirtualBox: /var/www
<html>
        <head>
                <title>Index Page</title>
        </head>
        <body>
                <p>This is a test index page in /var/www</p>
        </body>
</html>
```

238

아파치 서버가 정상 작동 중임을 확인했으니, PHP 5.5와 MariaDB를 설치한다. 오픈소스 개발 시 사용할 수 있는 Ondrej Sury의 저장소repository를 사용해 PHP 5.5를 설치할 것이다. 터미널 창을 연 다음 아래 명령어를 순차적으로 실행하여 명령어를 실행한다. 다음 명령어를 실행하려면 sudo 권한이 필요하다.

```
sudo apt-get install -y python-software-properties
sudo add-apt-repository ppa:ondrej/php5
sudo apt-get update

sudo apt-get install php5
```

PHP 5.5가 성공적으로 설치되면, MariaDB 데이터베이스 서버를 설치한다. MariaDB 데이터베이스 서버를 설치하기 위해, 필수 바이너리를 저장하고 있는 Open Source Lab의 미러를 사용할 것이다. 터미널 창을 사용해 다음 명령어를 순차적으로 실행한다.

```
sudo apt-get install -y software-properties-common
sudo apt-key adv --recv-keys
        --keyserver hkp://keyserver.ubuntu.com:80 0xcbcb082a1bb943db
sudo add-apt-repository
        'deb http://ftp.osuosl.org/pub/mariadb/repo/5.5/ubuntu saucy main'

sudo apt-get update
sudo apt-get install -y mariadb-server
```

MariaDB가 성공적으로 설치되면, 터미널 창을 사용해 MariaDB 서버에 클라이언트로 접속한다. MySQL의 -u 연산자와 -p 연산자를 사용한다. -u 연산자는 root 사용자임을 명시하는 데 사용되고, -p 연산자를 사용하면 접속 시 암호를 입력할 수 있다. 다음과 같이 명령어를 입력하고, 엔터를 치면 root 사용자의 비밀번호를 입력하라고 요청한다.

```
root@adminuser-VirtualBox:~# mysql -u root -p
Enter password:
Welcome to the MariaDB monitor.  Commands end with ; or \g.
Your MariaDB connection id is 35
Server version: 5.5.34-MariaDB-1~saucy-log mariadb.org binary distribution

Copyright (c) 2000, 2013, Oracle, Monty Program Ab and others.

Type 'help;' or '\h' for help. Type '\c' to clear the current input statemen
t.

MariaDB [(none)]> █
```

요약

부록 A에서는 웹 개발에 대한 기본 소개와 아파치, MariaDB, PHP(AMP) 스택이 웹 개발에 어떻게 사용될 수 있는지 다뤘다. 또한 맥 OS X과 윈도우, 리눅스(우분투) 운영체제에서 AMP 스택을 설치하고 설정하는 과정을 철저히 살펴봤다.

부록 B에서는 관계형 데이터베이스 관리 시스템Database Management System과 구조화된 쿼리 언어Structured Query Language에 대해 살펴볼 것이다. 이를 통해 어떤 식으로 MariaDB가 데이터 저장소 역할을 하는지 이해할 수 있다.

부록 B
PHP와 객체지향 프로그래밍

부록 B에서는 PHP를 활용한 객체지향 프로그래밍에 대한 기본 특징을 소개하고, 일반적인 디자인 패턴에 대해 전반적으로 알아볼 것이다. 그러고 나서, PHP에서 에러 처리와 예외 처리를 어떤 식으로 수행하는지 알아볼 것이다. PHP는 원래는 객체지향 프로그래밍OOP, object-oriented programming이 아니었다. PHP 5가 등장하면 서 PHP가 크게 개선되어 OOP 기능을 지원한다.

PHP 프로그래밍

PHP는 동적인 웹 애플리케이션을 만들기 위해 주로 사용되는 스크립트 언어다. PHP는 C와 자바의 프로그래밍 스타일과 유사하다. PHP는 강력한 라이브러리와 강력한 커뮤니티 지원이 장점이다. 덕분에 개발자들이 웹 애플리케이션을 만들 때 선호하는 언어 중 하나가 되었다. 부록 B에서는 부록 A에서 설치했던 PHP 라이브러리를 활용할 것이다. PHP 스크립트를 실행할 수 있는 방법은 다음과 같이 세 가지가 있다.

- PHP 셸을 통해
- 명령어를 통해
- 아파치와 같은 웹서버를 통해

첫 번째 방법인 PHP 셸은 일반적으로 간단한 스크립트를 테스트하는 데 사용된다. PHP 셸은 복잡한 스크립트를 다루기에는 부적합하다. 위에서 두 번째 방법은 명령어를 통해 PHP 스크립트가 포함된 파일을 실행시키는 것이다. 부록 B에서는 스크립트를 작성하기 위해 객체지향 디자인을 사용할 것이기 때문에, 두 번째와 세 번째 방법을 사용해 스크립트를 실행할 것이다.

객체지향 프로그래밍

객체지향 프로그래밍은 널리 사용되는 프로그래밍 패러다임으로, 자신만의 속성과 동작을 지니는 재사용 가능한 객체를 단위로 한다. 객체 내의 변수가 속성 역할을 한다. 변수는 해당 객체와 관련된 데이터를 저장하는 데 사용된다. 반면에, 동작은 객체가 무엇을 할 수 있는지를 기술한다. User 객체를 예로 생각해보자. 사용자는 이름과 나이, 주소를 지닌다. 이는 사용자에 대한 속성이다. User 객체가 주소를 저장하기 때문에, 주소를 조회할 수 있는 동작이 필요하다. 클래스 메소드가 동작의 역할을 한다. 객체는 여러 종류의 속성과 여러 종류의 동작을 지닐 수 있는 복잡한 데이터 구조다. 속성과 동작은 클래스 내에서 정의된다. 그리고 객체는 클래스의 인스턴스instance다. 따라서, 인스턴스는 해당 클래스와 동일한 속성과 동작을 지닌다. 동일한 클래스에 대해 다수의 객체가 존재할 수 있지만, 각 객체에 저장된 데이터는 서로 다른 메모리 위치에 저장될 것이다.

OOP는 새로운 개념이 아니고 꽤 오래된 개념이다. OOP 덕분에 우리는 코드를 동작과 속성을 기반으로 그룹화할 수 있고, 더 나은 사용성을 확보하기 위해 코드를 정리할 수 있다. 객체와 클래스와 같은 기본 객체지향 특성은 1998년에 출시된 PHP 3때 소개되었다. 2000년에 PHP 4는 객체지향 특성을 더욱 잘 지원하게 되었지만, 객체를 구현하는 부분은 여전히 문제가 있었다. 객체 참조가 값 타입과 유사하게 처리되었기 때문이다. 따라서, 객체가 함수의 매개변수로 전달되어야 하는 경우 객체 전체를 복사했다. 객체가 복사되고, 재생되고 여러 번 저장되는 구조였기 때문에, 규모가 큰 애플리케이션에서는 확장성이 문제가 되었고, 메모리 과다 사용이나 불필요한 리소스 오버헤드가 문제가 되었다. 2004년에 출시된 PHP 5는 객체를 처리하는 데 있어 크게 개선되었다. 따라서, 웹 애플리케이션의 성능과 확장성이 한층 나아졌다. 이제 OOP에 대한 기본 개념에 대해 이해했으니, 클래스와 객체에 대해 자세히 알아보자.

 이 책에서는 텍스트 에디터로 서브라임 텍스트(Sublime Text)를 사용한다. 여러분이 원하는 텍스트 에디터 또는 IDE를 사용하길 권한다. 널리 사용되는 IDE로는 이클립스(Eclipse)와 넷빈즈 IDE(NetBeans IDE) 등이 있다.

클래스와 객체

첫 번째 예제를 통해 클래스를 정의할 것이다. 클래스를 생성하기 위해 클래스의 이름만 있으면 된다. 단, 해당 클래스의 이름은 유일해야 한다. PHP에서 클래스 정의는 class 키워드로 시작한다. class 키워드 뒤에 해당 클래스의 이름이 온다. 그다음으로 중괄호(｛｝) 쌍이 와야 한다. 그리고 클래스 속성과 메소드가 해당 중괄호 사이에 위치한다.

다음과 같이 PHP에서 클래스의 이름을 짓는 두 가지 규칙이 있다.

● 이름은 문자나 밑줄로 시작해야 한다.

● 이름은 문자, 숫자, 밑줄만을 포함할 수 있다.

클래스의 이름을 파일 이름에 포함시키는 것이 좋다. 예를 들어, Students 클래스의 경우 class.Students.php로 파일 이름을 정할 수 있다. 혹은 클래스의 이름과 파일 이름을 동일하게 사용할 수도 있다. 예를 들어, 파일 이름을 Students.php라고 할 수 있다. 또한 단어의 첫 글자를 대문자로 표기하는 것도 일반적이다. 클래스와 클래스 속성, 클래스 메소드의 이름이 여러 단어가 합쳐진 복합어인 경우에 각 단어의 첫 글자를 대문자로 표기한다. Student 클래스를 정의한 다음 코드를 살펴보자.

```php
<?php
    class Students
    {
        public function __construct()
        {
            /**
            * 클래스가 인스턴스화되었을 때
            * 실행될 코드
            */
        }
    }
?>
```

위 예제에서 __construct 키워드를 사용해 생성자를 포함한 Students 클래스를 생성한다. 생성자는 객체가 인스턴스화될 때 가장 먼저 실행되는 함수다. 생성자는 주로 설정을 가져오거나 설정 관련 작업을 수행하는 데 사용된다. __construct 키워드는 PHP 엔진의 예약된 키워드며, 클래스에서 생성자를 구분하는 데 사용된다. 따라서, 생성자를 클래스 바깥에서 선언할 수는 없다. PHP 엔진은 생성자를 다른 함수처럼 처리한다. 따라서, 생성자가 한 번 이상 선언된 경우, 에러가 발생한다. 이제 클래스를 생성하는 법에 대해 이해했으니, Students 클래스에 클래스 속성과 클래스 메소드를 몇 가지 추가해보자. 속성과 메소드를 추가한 다음, 해당 속성과 메소드에 접근하기 위해 객체를 인스턴스화할 것이다. 객체를 인스턴스화하기 위해, new 키워드를 사용할 것이다. 객체 인스턴스화를 위해 적어도 두 가지 정보가 필요하다. 첫 번째는 객체의 이름이고, 두 번째는 객체를 만들 클래스의 이름이다. 다음 코드 예제를 살펴보자.

```php
<?php
    class Students
    {
        public $first_name;
        public $last_name;
        public $address;

        public function __construct($first_name
            , $last_name, $address){

            $this->first_name = $first_name;
            $this->last_name = $last_name;
            $this->address = $address;
        }

        public function greeting(){
            return "Hello ".$this->first_name."\n";
        }

        public function getAddress(){
            return $this->address."\n";
        }
    }

    $student = new Students("John", "Doe",
        "3225 Woodland Park St");
    echo $student->greeting();
    echo $student->getAddress();
?>
```

위의 예제에서, 학생의 이름과 성, 주소를 저장하기 위한 세 개의 클래스 속성을 추가했다. 생성자를 사용해 해당 속성을 초기화한다. 해당 속성의 값은 객체 초기화 이후에 생성자로 전달된다. 또한 두 개의 환영 메시지를 출력하는 메소드와 학생의 주소를 반환하는 메소드를 추가했다. $this 키워드는 Students 객체에 대한 참조이기 때문에, $this 키워드를 사용해 속성과 클래스 메소드에 접근한다. 클래스의 속성이나 메소드에 접근 시 -> 표기법을 사용한다. 클래스를 정의한 다음, Students 클래스의 객체를 인스턴스화하고, $student 객체를 호출한다. 인스턴스화 과정에서 생성자가 필요로 하는 매개변수를 전달한다. 해당 매개변수의 값은 속성에 할당된다. 객체 인스턴스화가 끝난 다음 $student 객체를 사용해 클래스 메소드를 호출한다.

위의 코드를 실행한 결과는 다음과 같다.

```
Hello John
3225 Woodland Park St
```

정적 속성과 메소드

클래스의 속성 또는 메소드에 접근하기 위해 항상 객체를 인스턴스화해야 하는 것은 아니다. 클래스는 해당 클래스에 연결된 정적 메소드와 정적 속성을 지닐 수 있다. 정적 메소드 또는 정적 속성에 접근하기 위해, 범위 지정 연산자(::)를 사용한다. 정적 속성 또는 정적 메소드를 생성하려면, 변수 앞에 static 키워드를 붙인다. 정적 속성이나 정적 메소드는 데이터베이스 접속이나 원격 서비스 접속을 인스턴스화하는 데 주로 사용된다. 이러한 접속은 상당한 오버헤드를 발생시키기 때문이다. 어떤 메소드에 접근하기 위해서는, 클래스의 객체를 생성해야 한다. 이때, 해당 클래스의 가상 메소드와 멤버 테이블이 생성된다. 반면에, 정적 메소드에 접근하는 경우, 해당 클래스의 가상 메소드와 멤버 테이블을 생성하는 오버헤드를 피할 수 있다. 정적 메소드는 주로 고성능 시스템에 사용된다.

지금까지 클래스를 만들고, 해당 클래스를 인스턴스화하고, 클래스 메소드에 접근해봤다. 또한 정적 메소드와 정적 속성에 대해서도 알아봤다. 이 과정 동안, 우리는 OOP의 4가지 원칙 중 하나인 추상화를 경험한 것이다. 추상화라는 개념은 동작과 속성을 노출하고, 해당 동작을 수행하는 코드를 숨기는 것이다. 위의 예제에서 우리는 student 객체가 가질 수 있는 모든 기능(동작)을 Students 클래스에 추상화하여 포함시켰고, Students 클래스의 객체를 생성함으로써, 해당 기능들에 접근했다. 우리가 알아볼 OOP의 나머지 세 가지 원칙은 캡슐화, 상속, 다형성이다.

캡슐화

추상화를 통해, 속성과 메소드를 제공하기 위한 실제 구현을 어떻게 숨길 수 있는지 알아봤다. 캡슐화를 통해, 누가 메소드와 속성에 접근하려는지에 따라, 일부 속성과 메소드는 숨기거나 접근을 제한시키고, 또 다른 일부 속성과 메소드는 노출시키는 방법에 대해 알아볼 것이다. 위의 예제에서 우리는 속성을 선언할 때 해당 속성의 접근 권한을 명시하기 위해 public 키워드를 사용했다.

클래스의 속성과 메소드에 대한 접근 권한은 public 키워드, protected 키워드, private 키워드를 사용해 지정할 수 있다. 아래 표를 참고하자.

키워드	설명	추가 설명
public	클래스에 접근할 수 있는 사용자는 누구나 공개(public) 변수와 메소드에 접근할 수 있다.	속성과 메소드의 기본값은 공개이다.
protected	클래스 멤버 또는 자식 클래스의 클래스 멤버만 보호(protected) 변수와 메소드에 접근할 수 있다.	
private	내부 클래스 멤버만 비공개(private) 변수와 메소드에 접근할 수 있다.	

상속

상속은 클래스 생성 시, 기존 클래스의 속성과 메소드를 재사용하고자 할 때 주로 사용한다. 일반적으로, 기반 클래스 또는 부모 클래스라고 지칭하는 클래스에 추상화된 기능들을 포함시키고, 이러한 기능들을 여러 다른 하위 클래스 또는 자식 클래스에 그룹화한다. 하위 클래스는 기반 클래스의 기능을 상속받아 사용하는 클래스를 말한다. PHP의 경우, 기반 클래스의 기능을 상속받기 위해 extends 키워드를 사용한다. 상속에 필요한 두 가지 정보가 있다. 첫 번째 정보는 부모 클래스(기반 클래스)이고, 두 번째 정보는 자식 클래스(하위 클래스)다. PHP의 경우, 자식 클래스는 오직 하나의 부모 클래스를 가질 수 있다. 다음 상속 예제를 살펴보자. 해당 예제에서 우리는 Animal 클래스를 생성한 다음, Animal 기반 클래스의 기능을

Dog 하위 클래스로 상속시킨다. 이러한 클래스들을 각기 다른 파일에 저장할 것이다. Animal 클래스는 Animal.php 파일에 저장하고, Dog 하위 클래스는 Dog.php 파일에 저장한다. 다음 Animal.php 파일에 저장될 Animal 클래스 예제를 살펴보자.

```php
<?php

class Animal{
    public $name;

    public function __construct($name){
        $this->name = $name;
    }

    public function greet(){
        return "Hello ".$this->name."\n";
    }
}

?>
```

다음 Dog.php 파일에 저장될 Dog 하위 클래스 예제를 살펴보자.

```php
<?php

require('Animal.php');

class Dog extends Animal{
    public function run(){
        return $this->name." likes to run \n";
    }
}

$dog = new Dog("scooby");
echo $dog->greet();
echo $dog->run();

?>
```

위 예제에는 두 개의 클래스가 있다. 첫 번째 클래스는 공개 속성인 $name과 공개 메소드인 greet를 지니는 Animal 클래스다. $name의 값은 Animal 클래스의 객체가 생성될 때 혹은 Animal 클래스를 상속받는 하위 클래스의 객체가 생성될 때 설정된다. greet 메소드는 동물에게 환영 메시지를 표시한다. Dog 클래스는 Animal 클래스를 상속받기 위해 Animal 클래스가 저장된 파일의 포함을 require 키워드를 통해 요청한다.

 require 키워드는 어떤 PHP 파일을 다른 PHP 파일에 포함하는 데 사용된다. PHP 엔진은 해당 PHP 파일 추가가 한 번만 됐는지(중복으로 되지는 않았는지) 명시적으로 검증할 수도 있다.

Animal.php 파일의 포함을 요청한 다음, Dog 하위 클래스를 생성한다. 이때, Animal 클래스의 기능을 상속하기 위해 extends 키워드를 사용한다. 개는 뛰는 것을 좋아하기 때문에, Dog 클래스에 run 메소드를 추가해보자. Dog 클래스를 정의한 다음, Dog 클래스의 객체를 생성하고, 개 이름을 생성자의 매개변수로 전달한다. Dog 클래스의 생성자와 Dog 클래스 내에 greet 메소드를 선언 및 정의하지 않았음에도 불구하고, Animal 기반 클래스로부터 생성자와 greet 메소드를 상속받고, 생성자와 greet 메소드가 public이기 때문에, 생성자와 greet 메소드를 사용할 수 있다.

위의 코드를 실행한 결과는 다음과 같다.

```
Hello scooby
scooby likes to run
```

마법 메소드

다형성에 대해 알아보기 전에 속성 오버로딩, 메소드 오버로딩, 객체를 텍스트로 표현하기와 같은 작업을 수행하기 위해 PHP는 몇 가지 마법 메소드를 제공한다. 이러한 마법 메소드에 대해 간단히 살펴보자. 이러한 마법 메소드들은 어떤 이벤트에 응답하는 특별 메소드의 집합이다. 마법 메소드는 특정한 명명 규칙을 따르는데, 메소드의 이름 앞에 밑줄을 두 개(__) 붙인다. 앞에서 살펴본 객체 인스턴스화 시에 자동 실행되는 생성자(__construct())의 경우도 밑줄이 앞에 두 개 붙는다. 그밖에도 자주 사용하는 마법 메소드로는 __destruct(), __get(), __set(), __toString(), __clone(), __call()가 있다.

 PHP에서 제공하는 마법 메소드들에 대해 더 자세히 이해하고 파악하기 위해 php.net의 공식 PHP 문서를 참고하자.

생성자와 소멸자

객체를 인스턴스화할 때, 객체의 초기 설정을 위해 생성자가 어떤 식으로 사용되는지 몇 가지 예제를 살펴봤다. 생성자는 속성을 초기화하고 필요한 설정 작업을 수행하는 데 주로 사용된다. 소멸자는 객체가 제거되려 할 때 호출된다. 소멸자는 정리clean-up 작업을 수행하는 데 널리 사용된다. 예를 들어, 데이터베이스 접속 리소스가 열려 있는 경우 해당 접속 리소스를 닫거나, 해당 객체가 생성한 파일 핸들 중 열려 있는 파일 핸들을 닫는 것과 같은 정리 작업을 수행한다. 다음 ConsDesc. php 예제를 살펴보자.

```php
<?php

    classConsDesc{
        /**
        * 생성자
        */
        public function __construct(){
            // 변수를 초기화한다.
            // 사용자의 시간대를 기록한다.
            // 데이터베이스 접속을 연다.
            // 파일 핸들을 연다.
        }

        /**
```

```
      *  소멸자
      */
    public function __destruct(){
        // 데이터베이스 접속을 닫는다.
        // 파일 핸들을 닫는다.
    }
}

?>
```

위의 예제에서 우리는 생성자와 소멸자를 지닌 클래스를 생성한다. 생성자와 소멸자는 마법 메소드이므로 이름 앞에 __가 붙은 것을 확인할 수 있다.

 PHP에서 오버로딩은 아직 선언되지 않았거나 현재 범위에서 접근 가능한 속성과 메소드를 동적으로 생성하는 것을 말한다.

속성 오버로딩

속성 오버로딩은 코드가 현재 클래스에 존재하지 않는 속성에 접근하려 하거나, 해당 속성의 값을 설정하려 할 때 수행된다. 예를 들어, Animal 클래스에 protected 접근권한을 지닌 $type 속성을 추가한다. $type 속성은 protected 타입이기 때문에, 객체 인스턴스화 이후에 외부에서 값을 설정할 수 없다. 하지만, $type 속성의 값을 외부에서 조회할 수 있도록 해야 한다. 이를 위해 PHP가 제공하는 __get() 마법 메소드를 사용할 것이다. 아래 Animal.php 예제를 살펴보자.

```php
<?php

class Animal{
    public $name;
    protected $type;

    public function __construct($name){
    }
```

```php
    public function greet(){
        return "Hello ".$this->name."\n";
    }
}

?>
```

기존 Animal 클래스에 추가한 부분은 protected 접근 권한을 갖는 $type 속성 뿐이다. 이제 Animal 클래스를 상속한 다음, 생성하려는 동물 클래스(Dog 클래스)의 동물 종류(개)에 맞게 $type 속성을 설정해보자. 다음 Dog.php 파일을 살펴보자.

```php
<?php
require('Animal.php');

class Dog extends Animal{
    protected $type=__CLASS__;

    public function __get($property){
        if(property_exists($this, $property)){
            return $this->$property."\n";
        }
        else{
            return $property." does not exist \n";
        }
    }

    public function run(){
        return $this->name." likes to run \n";
    }
}

$dog = new Dog("scooby");
echo $dog->type;
echo $dog->greet();
echo $dog->run();

?>
```

위의 예제는 Animal 클래스를 상속하여 마법 상수인 __CLASS__를 사용해 $type 보호 속성의 값을 설정한다. 그리고 나서, __get() 마법 메소드를 사용해 $type의 값을 반환한다. __get() 메소드 내에서 조건문을 사용해 요청된 속성이 현재 클래스 범위 내에 존재하는지 검증한다. 속성이 존재하는지 검증한 다음, 속성이 존재하는 경우 속성의 값을 반환하고, 속성이 존재하지 않는 경우 속성이 존재하지 않는다는 메시지를 표시한다.

 __CLASS__ 키워드는 자신이 포함된 클래스의 이름을 반환하는 마법 상수다.

위의 코드 실행 결과는 다음과 같다.

```
Dog
Hello scooby
scooby likes to run
```

속성의 값을 조회할 수 있는 __get() 메소드를 살펴봤다. 속성의 값을 변경하는데 사용할 수 있는 __set() 메소드를 살펴볼 차례다. __set() 메소드는 오버로딩된 속성에 값을 설정할 때 주로 사용되며, 두 개의 매개변수를 갖는다. 첫 번째 매개변수는 속성 이름이고, 두 번째 매개변수는 해당 속성에 할당될 값이다. __set() 메소드는 내부에 접근 권한 검증 코드를 포함하지 않는 경우 보호 클래스 속성이나 비공개 클래스 속성을 노출할 수 있다는 점에 유의해야 한다. 오버로딩된 속성을 비공개 클래스 속성에 저장하는 User 클래스를 생성한 다음, __set() 메소드를 사용해 속성 값을 저장하고, __get() 메소드를 사용해 속성 값을 조회해보자. 다음 User.php의 코드를 살펴보자.

```php
<?php

   class User{
      private $data = array();

      public function __set($key, $value){
         $this->data[$key] = $value;
```

```
        }

        public function __get($key){
            if(array_key_exists($key, $this->data)){
                return $this->data[$key];
            }
        }
    }

    $user = new User();
    $user->first_name = "John";
    $user->last_name = "Doe";
    echo $user->first_name.' '.$user->last_name."\n";
?>
```

위 예제에서 비공개 클래스 속성을 지니는 User 클래스를 생성한다. 해당 비공개 클래스 속성은 동적으로 선언된 속성의 배열을 저장할 수 있다. 동적 속성 선언은 특정 포맷을 지니지 않는 데이터 아키텍처나 다양한 데이터 포맷을 지원하는 아키텍처에서 주로 사용된다.

위 예제에서 __get() 메소드는 반드시 있어야 한다. __get() 메소드를 정의하지 않지 않고, $user 객체의 성과 이름 속성에 접근하려 하면, Undefined Property (정의되지 않은 속성) 에러가 발생한다.

위의 코드 실행 결과는 다음과 같다.

John Doe

메소드 오버로딩

PHP는 메소드 오버로딩을 처리하기 위해 __call() 메소드를 제공한다. __call 메소드는 코드가 범위 때문에 접근할 수 없는 메소드를 호출하려 하거나 존재하지 않는 메소드를 호출하려 할 때 호출된다. __call() 메소드는 접근 불가능한 메소드에 최소의 접근권한을 제공하거나 적당한 에러 메시지를 출력하기 위해 사용된다. __call() 메소드는 두 개의 매개변수를 갖는다. 첫 번째 매개변수는 함수의 이름이고, 두 번째 매개변수는 해당 함수에 전달할 하나의 값 또는 값의 배열이다. __call() 메소드를 포함하는 MyMath 클래스를 만들어보자. 아래 MyMath.php 파일의 코드를 살펴보자.

```php
<?php
  class MyMath{
    public $a=0;
    public $b=0;

    public function __construct($a, $b){
      $this->a = $a;
      $this->b = $b;
    }

    public function add(){
      return $this->a + $this->b."\n";
    }

    public function __call($name, $arguments){
      return "A function with name: ".$name.
        " does not exist\n";
    }
  }

  $math = new MyMath(5,6);
  echo $math->add();
  echo $math->subtract();

?>
```

위 예제의 클래스는 객체가 인스턴스화될 때 두 개의 값을 받고, add() 메소드가 호출될 때 해당 값의 합을 반환한다. MyMath 클래스는 subtract 메소드를 포함하지 않지만 객체에 의해 subtract 메소드가 호출되었을 때, 실행의 흐름이 __call() 마법 메소드로 넘어간다. 이때, 해당 기능이 존재하지 않는다라는 에러 메시지를 반환한다. 이 외에 PHP의 call_user_func_array() 메소드를 호출하여 다른 메소드를 대신 호출해 클래스에 없는 메소드의 역할을 대신할 수 있다. 이는 코드 추상화의 또 다른 예다.

위의 코드를 실행한 결과는 다음과 같다.

```
11
A function with name: subtract does not exist
```

객체를 텍스트로 표현하기

부록 B에서 소개할 마지막 마법 메소드는 __toString()이다. __toString() 메소드는 객체를 문자열처럼 다룰 때 호출된다. 이 경우, 코드는 객체를 출력하려고 하고, 이 시점에 PHP 엔진은 해당 객체에 __toString() 메소드가 있는지 검사한다. __toString() 메소드가 없는 경우, 해당 객체는 문자열로 변환할 수 없다라는 메시지를 출력한다. __toString() 메소드는 뒤에서 팩토리 디자인 패턴에 대해 알아볼 때 활용할 것이다.

다형성

다형성은 이름에서 알 수 있듯이 동일한 이름과 매개변수를 갖는 메소드를 여러 클래스에서 공통으로 사용할 수 있도록 하는 개념이다. 다형성은 주로 어떤 프로젝트에서 클래스 간에 공통 프로그래밍 기능을 공유하는 데 사용된다. 예를 들어, 고양이, 개, 오리가 있다고 하자. 이들은 모두 동물이지만, 고양이와 개는 포유류이고, 오리는 조류다. 이들을 객체로 표현할 때, 이들은 공통 특징을 지니고, 이러한 공통 특징은 Animal 기반 클래스에 포함된다. 소리내기라는 공통 기능이 있을 때, 사람은 말할 수 있고, 개는 왈왈 짖고, 고양이는 야옹야옹 울고, 오리는 꽥꽥거린다. 이를 의사소통communication이라고 부를 때, 의사소통에 대한 구현은 각 동물별로 다를 것이다. 다형성 개념을 사용해 이러한 다양한 구현에 대응하고 이를 Animal.php의 객체와 클래스에서 표현해보자.

```php
<?php

class Animal{
    public $name;
    protected $type;
```

```php
    public function __construct($name){
        $this->name = $name;
    }

    public function greet(){
        return "Hello ".$this->name."\n";
    }

    public function run(){
        return $this->name." runs \n";
    }

    public function communicate(){
        return $this->name." says rrrrrr";
    }
}

?>
```

Animal 기반 클래스를 상속하는 Dog.php 파일을 살펴보자.

```php
<?php
require('Animal.php');

class Dog extends Animal{
    protected $type=__CLASS__;

    public function __get($property){
        if(property_exists($this, $property)){
            return $this->$property."\n";
        }
        else{
            return $property." does not exist \n";
        }
    }

    public function run(){
        return $this->name." likes to run \n";
    }
```

```
    public function communicate(){
        return $this->name." says bow wow \n";
    }
}

$dog = new Dog("scooby");
echo $dog->type;
echo $dog->greet();
echo $dog->run();
echo $dog->communicate();

?>
```

새로운 Cat 클래스를 알아보기 전에, 위의 Dog 클래스를 먼저 살펴보자. Animal 기반 클래스에 run() 메소드와 communicate() 메소드를 추가했고, 해당 메소드를 Dog 하위 클래스에서 오버라이딩했다. 개는 뛰는 것을 좋아하기 때문에, 기반 클래스의 run() 메소드를 오버라이딩했다. 기반 클래스의 run() 메소드는 너무 일반적이기 때문이다. run() 메소드를 Dog 하위 클래스에서 오버라이딩함으로써, Dog 하위 클래스의 기능이 클래스의 목적에 맞게 구현했다.

위의 코드를 실행한 결과는 다음과 같다.

```
Dog
Hello scooby
scooby likes to run
scooby says bow wow
```

위의 코드를 실행하면 __get() 메소드가 호출되면서 클래스의 이름이 출력된다. 그리고 나서, greet() 메소드가 호출되고, Dog 하위 클래스에서 오버라이딩한 두 개의 메소드의 결과가 출력된다. 개의 이름이 Scooby이고 달리기를 정말 좋아하고, 꽤나 시끄럽다는 것을 확인할 수 있다. 이제 Cat.php의 Cat 클래스에서 메소드를 어떻게 구현했는지 살펴보자.

```
<?php

require('Animal.php');
```

```php
class Cat extends Animal{
    protected $type=__CLASS__;

    public function __get($property){
        if(property_exists($this, $property)){
            return $this->$property."\n";
        }
        else{
            return $property." does not exist \n";
        }
    }

    public function run(){
        return $this->name." hates to run \n";
    }

    public function communicate(){
        return $this->name." says meow \n";
    }
}

$cat = new Cat("cuddles");
echo $cat->type;
echo $cat->greet();
echo $cat->run();
echo $cat->communicate();

?>
```

Cat 클래스는 Dog 클래스와 유사하지만 run() 메소드와 communicate() 메소드
는 다르다. Cat 클래스는 greet() 메소드는 Animal 기반 클래스의 greet() 메소
드를 그대로 사용한다. 위의 코드를 실행한 결과는 다음과 같다.

```
Cat
Hello cuddles
cuddles hates to run
cuddles says meow
```

위의 코드를 실행하면 __get() 메소드에 의해 클래스의 이름이 출력되고, 다음
으로 greet() 메소드가 호출된다. 그리고 나서, 오버라이딩된 run() 메소드와

communicate() 메소드가 호출된다. 고양이의 이름은 Cuddles이고 개와 달리 게을러서 달리기를 싫어한다는 것을 확인할 수 있다.

인터페이스

위 예제에서, run() 메소드와 communicate() 메소드는 실제로 Animal 클래스에 의해 사용되지 않고, Animal 클래스 내에 존재하기만 한다는 점을 눈치챘을 것이다. 이는 Animal 클래스의 하위 클래스가 해당 메소드들을 상속하여, 오버라이딩하기 위함이다. 더 큰 규모의 애플리케이션을 만드는 경우, 다양한 종류의 기능과 다양한 종류의 데이터를 처리해야 한다. 객체별로 실제 수행되는 기능은 다르지만, 위의 run() 메소드와 communicate() 메소드의 경우처럼 해당 기능의 근본적인 목적은 같을 수 있다. 따라서, 동일한 기능에 대해 여러 이름을 붙이기는 것은 혼란을 가져오고 일관성을 헤친다. 이러한 혼란을 피하기 위해 PHP 5가 제공하는 객체 인터페이스를 활용할 수 있다. 일반 클래스와 달라, 객체 인터페이스는 클래스가 구현해야 할 메소드들을 명시하기만 하고, 실제 해당 메소드들을 어떻게 구현해야 하는지는 제공하지 않는다. 이는 위의 Animal 클래스 예제와는 다르다 (Animal 클래스는 메소드들의 구현부까지 포함한다). 인터페이스 내에 모든 메소드는 기본값으로 public이다. Animal 클래스는 run() 메소드와 communicate() 메소드를 포함하기에 적합하지 않으므로, run() 메소드와 communicate() 메소드를 인터페이스로 변환해보자.

인터페이스를 생성하기 위해서는 최소한 두 가지 정보가 필요하다. 첫 번째 정보는 인터페이스의 이름이다(이름은 유일해야 한다). 두 번째 정보는 적어도 하나의 메소드 시그니처signature다. 인터페이스의 이름 앞에 대문자 I를 붙이는 것이 관례다. 클래스와 마찬가지로, 인터페이스는 해당 인터페이스와 동일한 이름을 지니는 별도의 파일에 저장한다. 이제, 인터페이스를 만들어보고, 나머지 파일을 어떻게 변경해야 할지 살펴보자. 인터페이스를 구현하기 위해 우리는 implements 키워드를 사용한다. implements 키워드 뒤에는 인터페이스의 이름이 온다. 다음은 IAnimal 인터페이스를 담고 있는 IAnimal.php 파일이다.

```php
<?php

    interface IAnimal{
        function run();
        function communicate();
    }

?>
```

위의 예에서 run() 메소드와 communicate() 메소드를 인터페이스로 옮겼다. 그리고 아래 예와 같이 해당 인터페이스들을 Animal 클래스가 구현한다. 아래 Animal.php 예제를 확인하자.

```php
<?php
require_once('IAnimal.php');

class Animal implements IAnimal{
    public $name;
    protected $type;

    public function __construct($name){
        $this->name = $name;
    }

    public function greet(){
        return "Hello ".$this->name."\n";
    }

    public function run(){
        return $this->name." likes to run \n";
    }

    public function communicate(){
        return $this->name." says bow wow \n";
    }
}

?>
```

이제 다음과 같이 Dog.php 파일의 Dog 클래스가 Animal 클래스를 상속받는다.

```php
<?php
require('Animal.php');

class Dog extends Animal{
    protected $type=__CLASS__;

    public function __get($property){
        if(property_exists($this, $property)){
            return $this->$property."\n";
        }
        else{
            return $property." does not exist \n";
        }
    }
}

$dog = new Dog("scooby");
echo $dog->type;
echo $dog->greet();
echo $dog->run();
echo $dog->communicate();

?>
```

위의 코드는 인터페이스를 포함하는 파일(Animal.php)을 우선 포함한다. Dog.php 파일은 인터페이스를 포함하는 파일을 포함했기 때문에, implements 키워드를 사용해 인터페이스를 구현할 수도 있다.

추상 클래스

여기서 주목할 점은 Animal 클래스의 객체를 생성하지 않고, Animal 클래스를 동물들이 지니는 공통 기능에 대한 정의를 포함하는 클래스로만 사용한다는 점이다. PHP 5에는 추상 클래스라는 개념이 있다. 추상 클래스는 인스턴스화할 수 없고, 하위 클래스들에게 기능적인 방향과 동작을 제공하기 위한 용도로 사용된다. 추상 클래스를 생성하려면 class 키워드 앞에 abstract 키워드를 붙이면 된다. 다음 Animal.php 파일을 살펴보자.

```php
<?php

abstract class Animal{
    public $name;
    protected $type;

    public function __construct($name){
        $this->name = $name;
    }

    public function greet(){
        return "Hello ".$this->name."\n";
    }
}

?>
```

실행 결과는 추상 클래스 적용 이전과 동일할 것이다. 하지만, 코드가 훨씬 깔끔하고, 일관되고, 확장하기 쉬워 보인다. 새로운 동물을 추가하려면 Animal 추상 클래스를 상속받아서 IAnimal 인터페이스를 구현한 다음, 해당 특정 동물에 필요한 기능을 추가하면 된다. 이제 OOP 개념에 대해 전반적으로 이해했으니, 몇 가지 널리 쓰이는 디자인 패턴에 대해 알아보자.

디자인 패턴

디자인 패턴은 프로그래머들이 이미 해결한 문제들에 대한 일반화된 해결책이다. 디자인 패턴은 소프트웨어 개발 팀과 소프트웨어 개발자 커뮤니티가 만든 재사용 가능한 해결책이다. 디자인 패턴은 해결책의 구현보다는 문제 해결에 초점이 맞춰졌기 때문에 대개 프로그래밍 언어와는 무관하다. 우리가 살펴볼 널리 사용되는 디자인 패턴은 팩토리factory 패턴과 싱글톤singleton 패턴이다.

팩토리 패턴

팩토리 패턴은 가장 널리 사용되는 디자인 패턴 중 하나다. 이름에서 알 수 있듯이, 객체를 생성하기 위한 목적만을 지니는 클래스가 따로 존재한다. 우리는 객체를 직접 생성하기보다는 팩토리 클래스를 사용해 클래스의 객체를 생성할 것이다. 이는 어떤 클래스에 변경사항이 발생했을 때, 프로젝트 전반에 걸쳐 적용해야 하는 변경사항의 양을 최소화하기 위함이다. 이를 단순화해서 설명하기 위한 DesignPattern-Factory.php 예제 파일을 살펴보자.

```php
<?php
  class Car{
    private $make;
    private $model;

    public function __construct($make, $model){
      $this->make = $make;
      $this->model = $model;
    }

    public function __toString(){
      return "The make is ".$this->make." and the model is ".
        $this->model." \n";
    }
  }

  class CarFactory{
    public static function create($make, $model){
      return new Car($make, $model);
    }
  }

  $car = CarFactory::create("Audi", "Q5");
  echo $car;

?>
```

위의 예에서 $make와 $model을 private 속성으로 갖는 Car 클래스를 만든다. 해당 속성들의 값은 객체가 인스턴스화될 때 할당된다. __toString() 마법 메소드를 사용해 car 객체의 제조사와 모델을 출력한다. Car 클래스를 구현한 다음, Car 객체를 생성한 다음 해당 객체를 반환하는 static 함수를 지닌 CarFactory 클래스를 구현한다.

위의 코드 실행 결과는 다음과 같다.

```
The make is Audi and the model is Q5
```

싱글톤 패턴

싱글톤 패턴은 주로 데이터베이스 접속을 수립하거나 원격 서비스를 사용할 때 사용한다. 이러한 작업들은 애플리케이션의 동작에 영향을 미칠 수 있는 오버헤드를 많이 발생시키기 때문이다. 싱글톤 패턴의 경우, 인스턴스화는 하나의 인스턴스에 국한된다. 따라서, 여러 인스턴스 생성으로 인한 오버헤드를 피할 수 있다. 싱글톤 패턴을 사용하기 위해서는 적어도 세 가지 정보가 필요하다. 첫 번째 정보는 클래스의 이름(이름은 유일해야 한다), 두 번째 정보는 다수의 객체 생성을 방지하는 비공개 생성자이고, 세 번째 정보는 해당 인스턴스를 반환할 정적 메소드다. 아래 DesignPattern-Singleton.php 파일을 살펴보자.

```php
<?php
    class DB{
        private static $singleton;

        private function __construct(){}

        public static getInstance(){
            if(self::$singleton){
                self::$singleton = new DB();
            }
            return self::$singleton;
        }
    }

    $db = new DB::getInstance();
?>
```

위 예제는 싱글톤 패턴을 사용하며, 비공개 생성자를 사용함으로써 객체 인스턴스화를 제한한다. 정적 메소드인 getInstance()를 사용해 DB 클래스에 대한 객체를 인스턴스화한다. getInstance()는 정적 메소드이기 때문에, 객체가 아닌 클래스를 통해 해당 메소드에 접근한다.

 위 예제는 실제 사용할 수 있는 코드가 아니다. 단지 이해를 돕기 위한 코드일 뿐이다. 3장에서 MariaDB 데이터베이스에 접속하기 위해 예제의 클래스에 접속 매개변수를 추가한다.

에러 처리

에러 처리는 소프트웨어 개발 생애 주기에 있어 매우 중요한 부분이다. 에러는 크게 다음 세 가지로 분류할 수 있다.

- 구문 에러
- 런타임 혹은 외부 에러
- 로직 에러

구문 에러는 세미콜론이 빠졌거나 중괄호를 닫지 않거나 했을 때 발생한다. 런타임 혹은 외부 에러는 require 키워드나 require_once 키워드에 의해 추가된 파일이 존재하지 않거나, 파일 핸들이 잘못되었거나 데이터베이스 연결이 잘못된 경우에 발생한다. 런타임 시에 실행은 특정한 리소스 집합을 필요로 한다. 그리고 그러한 리소스가 제공되지 않았을 때, 런타임 에러가 발생한다.

로직 에러는 요구사항을 잘못 이해했거나 코드가 잘못된 경우에 발생한다. 이러한 에러를 버그라고 부르며, 소프트웨어 생애 주기에 있어 흔히 발생한다. PHP는 에러 처리를 지원하며, 이러한 에러들을 다양한 심각도 수준으로 그룹화한다. 발생된 에러를 기록으로 남기는 것이 좋으며, 에러의 심각도에 따라, 필요한 경우 알림을 전송해야 한다. PHP의 코어 설정은 php.ini 파일에 저장되며, php.ini 파일은 서버 설정 폴더에 위치한다. 해당 파일 내에서 상수 이름이 각 심각도 수준에 할당된다. 아래 표를 통해 PHP가 제공하는 다양한 에러 수준에 대해 살펴보자.

상수	설명
E_ERROR	치명적인 런타임 에러로 실행이 중단된다. 에러가 수정되기 전까지, 해당 에러는 사라지지 않을 것이다. 예를 들어, 데이터베이스에 접속하는 코드가 존재하지 않는 데이터베이스에 접속한다.
E_WARNING	치명적이지 않은 런타임 경고이며, 실행이 중단되지 않는다. 예를 들어, include나 include_once를 통해 포함된 파일이 존재하지 않는다.
E_PARSE	구문 에러로 인해 스크립트의 해석이 불가능할 때 발생하는 치명적인 에러다. 예를 들어, 스크립트에 세미콜론이 빠지거나 단일 따옴표가 빠졌다.
E_NOTICE	스크립트에서 발생한 치명적이지 않은 공지다.
E_DEPRECATED	PHP가 제공하는 치명적이지 않은 알림으로, 향후 PHP 버전에서는 사라질 함수 등을 사용한 경우, 이에 대해 경고한다.
E_STRICT	향후 PHP 버전과의 최적의 호환성을 보장하기 위해 어떤 변경사항을 적용하면 좋을지 제시하는 런타임 공지다.
E_ALL	PHP가 지원하는 모든 에러와 경고다.
E_CORE_ERROR	PHP 코어 엔진에서 발생한 치명적인 런타임 에러다.
E_COMPILE_ERROR	PHP 코어 엔진에 의해 발생한 치명적인 컴파일 타임 에러다.

지금까지 PHP에서 스크립트를 작성할 때 마주칠 수 있는 일반적인 에러와 경고, 공지에 대해 알아봤다. 이러한 에러와 경고, 공지를 실행 중에 표시하려면 다음 표와 같이 php.ini 파일을 수정해야 한다.

설정	설명	주의
error_reporting	어떤 에러와 경고, 공지가 발생할 지 제어하는 설정이다.	E_ALL과 ~E_DEPRECATED, ~E_ STRICT를 설정하는 것이 실 운영 서버에 적합하다.
display_errors	에러를 화면에 표시할지 여부를 제 어하는 설정이다.	display_errors 설정은 개발 및 테스팅 환경 에서만 사용해야 한다. 스테이징 환경과 실 운영 환경에서는 해당 설정을 꺼야 한다.
log_errors	에러에 대한 로그를 남길지 여부를 결정하는 설정이다.	모든 환경에서 해당 설정을 켜는 것이 좋다.
report_ memleaks	애플리케이션의 메모리 누수를 추 적하는 데 도움이 되는 설정이다.	이 설정을 사용하려면, 에러 보고에 E_ WARNING을 포함해야 한다.
html_errors	해당 에러를 읽기 쉽게 더 나은 HTML 포맷을 에러에 적용하여 에 러를 표시한다.	모든 환경에서 해당 설정을 켜는 것이 좋다.

PHP에는 trigger_error() 함수도 있다. 사용자는 해당 함수를 사용해 스크립트를 통해 커스텀 에러(자신만의 에러)를 발생할 수 있다. trigger_error() 함수를 사용해 세 가지 수준의 커스텀 에러를 발생시킬 수 있다.

- E_USER_NOTICE
- E_USER_WARNING
- E_USER_ERROR

다음 Trigger_error.php 파일의 코드를 살펴보자.

```php
<?php
    $value = 0;

    if($value>0){
        while($value < 10){
            echo $value;
            $value++;
        }
```

```
    }
    else{
        trigger_error("Value is not greater than 0");
    }

?>
```

위 예제에서, $value 변수를 0으로 초기화한 다음, $value 변수에 저장된 값이 0
보다 큰지 검사한다. 해당 검사는 당연히 실패한다. 이는 로직 에러를 보여주기 위
한 예제이다. else 블록에서 trigger_error() 메소드를 사용해 해당 로직 에러에
대해 알리는 PHP 공지를 발생시킨다.

위의 코드를 실행한 결과는 다음과 같다.

```
PHP Notice: Value is not greater than 0 in
   /var/www/chapter4/Trigger_error.php on line 12
```

경고, 공지, 에러를 출력하지 않을 방법에 대해 알아보자. PHP는 경고, 에러 공지
가 페이지에 출력되지 않도록 하기 위해 에러 억제 연산자(@)를 제공한다. 에러 억
제 연산자를 사용하는 것은 추천할 만한 방법이 아니며 페이지에 경고, 에러, 공
지가 출력되는 것을 막기 위한 용도로만 사용해야 한다. 다음 error_supression.
php 파일의 코드를 살펴보자.

```
<?php
include("fileDoesNotExist");

function add($a, $b){
    return $a+$b."\n";
}

echo add(5,4);
?>
```

위의 스크립트를 실행하면, include 함수가 해당 파일을 찾을 수 없기 때문에
PHP 경고가 발생한다. 하지만, 이는 단지 경고일 뿐이므로 실행은 계속되고 add
함수에 의해 반환된 값이 출력될 것이다.

다음과 같은 경고가 발생할 것이다.

```
PHP Warning: include(fileDoesNotExist): failed to open stream: No such file
or directory in /var/www/chapter4/error_suppression.php on line 3
PHP Warning: include(): Failed opening 'fileDoesNotExist' for inclusion
(include_path='.:/usr/share/php:/usr/share/pear') in /var/www/chapter4/
error_suppression.php on line 3
```

생성된 결과는 다음과 같다.

9

다음 error_suppression.php 파일과 같이 include 문 앞에 에러 억제 연산자를 추가해보자.

```php
<?php

@include("fileDoesNotExist");

function add($a, $b){
    return $a+$b."\n";
}

echo add(5,4);

?>
```

에러 억제 연산자를 추가한 다음 스크립트는 문제 없이 실행되고, 다음과 같이 경고 메시지도 실행 결과 창에 표시되지 않는다.

9

요약

부록 B에서는 클래스와 객체, 추상화, 캡슐화, 상속, 마법 메소드, 다형성, 인터페이스, 추상 클래스와 같은 객체지향 프로그래밍 개념에 대해 알아봤다. 또한 디자인 패턴과 에러 처리의 기본에 대해 알아봤다.

1장부터 10장을 통해 PHP 5.4와 5.5에 새롭게 추가된 특징에 대해 알아보았다. 에러 처리와 예외 처리에 대해 더욱 자세히 알아보고, PHP 5.5에서 향상된 예외 처리에 대해 알아보았다. 그리고 나서, 코드의 단위 테스트 설정을 통해 에러와 예외를 피하는 방법에 대해 자세히 살펴보았다.

찾아보기

에이콘출판의 기틀을 마련하신 故 정완재 선생님 (1935-2004)

PHP와 MariaDB를 활용한 웹 애플리케이션 개발

빠르고 보안성 높은 인터랙티브 웹사이트 제작 지침서

인 쇄 ┃ 2016년 5월 23일
발 행 ┃ 2016년 5월 31일

지은이 ┃ 사이 스리니바스 스리파라사
옮긴이 ┃ 김 무 항

펴낸이 ┃ 권 성 준
편집장 ┃ 황 영 주
편 집 ┃ 오 원 영
         전 진 태
디자인 ┃ 이 승 미

에이콘출판주식회사
서울특별시 양천구 국회대로 287 (목동 802-7) 2층 (07967)
전화 02-2653-7600, 팩스 02-2653-0433
www.acornpub.co.kr / editor@acornpub.co.kr

한국어판 ⓒ 에이콘출판주식회사, 2016, Printed in Korea.
ISBN 978-89-6077-857-3
ISBN 978-89-6077-210-6 (세트)
http://www.acornpub.co.kr/book/php-mariadb

이 도서의 국립중앙도서관 출판시도서목록(CIP)은 서지정보유통지원시스템 홈페이지(http://seoji.nl.go.kr)와
국가자료공동목록시스템(http://www.nl.go.kr/kolisnet)에서 이용하실 수 있습니다.(CIP제어번호: CIP2016012765)

책값은 뒤표지에 있습니다.